浙江绿色管理理论和经验研究系列丛书
Green Management

研究阐释党的十九届四中全会精神国家社科基金重大
项目（项目编号：20ZDA087）资助

U0615642

浙江绿色管理案例和经验

垃圾治理篇

（第一辑）

高　键◎编著

经济管理出版社
ECONOMY & MANAGEMENT PUBLISHING HOUSE

图书在版编目（CIP）数据

浙江绿色管理案例和经验.垃圾治理篇（第一辑）/高键编著.—北京：经济管理出版社，2021.4

ISBN 978-7-5096-7959-3

Ⅰ.①浙… Ⅱ.①高… Ⅲ.①社会主义建设—案例—浙江 ②垃圾处理—案例—浙江 Ⅳ.① D619.55 ② X705

中国版本图书馆 CIP 数据核字（2021）第 081704 号

组稿编辑：张　艳

责任编辑：张莉琼

责任印制：任爱清

责任校对：王淑卿

出版发行：经济管理出版社

（北京市海淀区北蜂窝 8 号中雅大厦 A 座 11 层　100038）

网　　址：www.E-mp.com.cn

电　　话：（010）51915602

印　　刷：北京晨旭印刷厂

经　　销：新华书店

开　　本：710mm×1000mm/16

印　　张：11.25

字　　数：185 千字

版　　次：2021 年 6 月第 1 版　2021 年 6 月第 1 次印刷

书　　号：ISBN 978-7-5096-7959-3

定　　价：78.00 元

总　序

　　《浙江绿色管理理论和经验研究系列》丛书是改革开放 40 多年来（特别是近 20 年以来）浙江绿色管理各领域的理论探索和经验案例的系统总结。

　　随着现代文明的发展，能源危机和环境污染成为当代社会面临的重要问题，开拓一条节能减排、低碳环保的绿色转型之路成为社会发展的必然战略选择。绿色管理（Green Management）正是在这样的形势下受到越来越多的关注，不仅成为一种重要的社会发展趋势，也成为未来经济新的增长点。绿色管理是指将资源节约和环境保护理念融入人类管理活动的具体环节，以期在人类管理活动的各层次、各领域、各方面、各过程实现绿色、节约、环保和可持续。需要指出的是，绿色管理是一种全新的管理思想和理论体系，是对现有管理思想和体系的彻底变革。且随着理论和实践的深入，绿色管理也从狭义的企业内部延伸到企业外部（如政府机构、非政府组织、社会公众等领域）。绿色管理既是国家层面绿色发展战略规划的应有之举，也是社会层面全员应有的自觉自为。党的十九大报告明确指出，我们要建设的现代化是人与自然和谐共生的现代化，而绿色管理就是探索人与自然和谐共生之路的有益实践，是实现社会可持续发展的坚实助力。因此，深入探索绿色管理经验成为中国可持续发展的迫切需要。

　　改革开放 40 多年来，浙江锐意进取，大胆实践，形成了有浙江特色的发展道路，创造了令人瞩目的"浙江模式"，形成了卓有成效的"浙江经验"，书写了生动宝贵的"浙江精神"。浙江是习近平总书记"绿水青山就是金山银山"发展理念的发源地，也是绿色发展的先行地。2003 年，时任浙江省委书记的习近平同志在浙江启动生态省建设，打造"绿色浙江"。2005 年，习近平同志在浙江安吉首次提出"绿水青山就是金山银山"的科学论断和发展理念。从此，浙江绿色发展从初阶、浅层、零散阶段（1978~2003 年）进入了高阶、深层、系统阶段（2003 年至今），提前迈进了新时代。根据《中国经济绿色发展报告2018》，浙江的绿色发展指数名列全国第一。另据国家统计局2017年发布的"2016年生态文明建设年度评价结果公报"，浙江在省份排名中位列第二。浙江是唯一在两份排名中都稳居前二的省份。改革开放40多年来（特别是近20年以来）的浙江发展实现了高质量经济发展和高标准绿色发展的高层次统一，成为中国省域层面一道亮丽的风景。

改革开放40多年来，浙江发展的一个基本经验就是坚持绿色发展、坚持保护环境和节约资源，坚持推进生态文明建设。浙江是中国陆地面积最小的省份之一（仅10万平方公里），人多地少、资源短缺，面临严峻的资源环境约束，践行绿色管理既是经济社会发展的内在要求，也是缓解经济发展与资源环境矛盾的必然选择。在浙江发展过程中，绿色管理贯穿生产方式与生活方式全过程，贯穿政府管理、企业管理和社会管理各层面，发挥了极其重要的作用，积累了极其宝贵的经验，初步形成了浙江特色的政府、企业、社会多元协同共治的绿色管理体系。在这一理论和现实背景下，探索并总结浙江绿色管理的理论、案例和经验极有必要，《浙江绿色管理理论和经验研究系列》丛书应运而生。

《浙江绿色管理理论和经验研究系列》丛书是我们多年来对浙江绿色管理实践持续关注和深入研究的结晶，主题涵盖了改革开放40多年（特别是近20年以来）浙江绿色管理的多个方面。丛书第一辑共6本，其中，《浙江绿色管理案例和经验——企业绿色管理篇（第一辑）》（王建明编著）主要依据企业绿色管理的生命周期分类介绍浙江企业绿色战略、绿色创新、绿色生产、绿色市场、循环经济等实践案例和经验启示；《浙江绿色管理案例和经验——城市绿色管理篇（第一辑）》（王建明编著）主要依据市县绿色管理的思路分类介绍浙江县域绿色规划、绿色发展、绿色治理、绿色改造、绿色督察等实践案例和经验启示；《浙江绿色管理案例和经验——美丽乡村管理篇（第一辑）》（高友江编著）主要根据浙江乡村地貌特征分类介绍浙江乡村山地丘陵且沿溪环河地带、山地丘陵且沿江环湖地带、山地丘陵地带等地的实践案例和经验启示；《浙江绿色管理案例和经验——垃圾治理篇（第一辑）》（高键编著）主要根据浙江垃圾分类管理的内容分别介绍城市垃圾分类管理，农村垃圾分类管理，垃圾减量、清运和回收管理，垃圾处置等实践案例和经验启示；《浙江绿色管理案例和经验——水污染治理篇（第一辑）》（冯娟编著）主要根据浙江水污染治理的领域分类介绍浙江治污水、排水、五水共治、河湖长制等实践案例和经验启示；《浙江绿色管理案例和经验——政府监管篇（第一辑）》（赵婧编著）主要根据浙江政府监管的主题分类介绍浙江环境监管体制改革、环境监管考核评价体系改革、环境执法实践、产业监管实践等实践案例和经验启示。

　　本丛书通过浙江绿色管理案例的生动呈现，以不同的主题、不同的维度和不同的切入点全面深入地展现浙江绿色管理的理论进展和实践成果，并进一步凝练出浙江绿色管理的系统理论，旨在打造一个全面丰富的绿色管理"浙江样版"。期望本系列丛书的出版能够丰富中国特色的绿色管理理论体系，为探索绿色管理经验的社会各界人士提供现实理论和实践参考，以全面深入地推进中国和世界的绿色高质量发展。

浙江财经大学工商管理学院院长　于建明

2020 年 2 月 20 日

PREFACE
序

　　本书是《浙江绿色管理理论和经验研究系列》丛书中的一本。从侧面对浙江绿色发展近 20 年所取得的经验和成绩进行了诠释和总结。

　　随着我国城镇化和工业化进程的不断加快，人民的生活水平有了显著的提升，然而在追求经济发展的过程中，如何兼顾环境与人类的协调关系，已经成为考验政府综合治理能力的一个重要指标。在我国，传统的垃圾处理手段以填埋、焚烧以及排放为主，不仅造成了产品循环使用效率低下，侵占本就不富裕的土地资源，而且那些未经处理的垃圾还污染了土地、空气和水源，对我国居民的健康和生存环境造成了非常不利的影响。提升垃圾治理能力关乎社会、政府、企业和普通老百姓等各利益相关者，亟待解决。

　　浙江省在绿色发展上具有非常优秀的基因和传承，多山多水的区域地理特点也决定了其经济发展方式和文化传承都与自然紧密相连。2005 年 8 月 15 日时任浙江省委书记习近平同志在视察浙江安吉时提出了"绿水青山就是金山银山"的发展理念。此后，浙江一直在该发展理念的指引下阔步前行，将浙江的这片山水变成了经济结构合理、人与自然协调发展的金山银山，走出了绿色发展的"浙江经验"。

　　本书正是以此为背景，汇编了浙江省近十年来在垃圾治理上的优秀案例，并针对每个案例进行分析，总结出浙江垃圾治理的先进经验，以期从侧面展示出浙江省在绿色发展上的风貌。

　　全书分为六篇共 41 个案例。第一篇城市垃圾分类管理，本篇将研究对象定位在城市，分析在城市化背景下，政府、社区以及市民在垃圾分类管理中的优秀案例，并探讨了运用科技手段和流程再造手段提升垃圾分类准确率和垃圾分类效率的可行性；第二篇农村垃圾分类管理，本篇以新农村建设下的美丽乡村建设为背景，分析了浙江美丽乡村建设中在垃圾分类管理方面的先进经验；第三篇垃圾减量、清运和回收管理，本篇聚焦于垃圾处理的具体过程，运用管理学理论分析垃圾减量过程中的关键点和痛点，以期能为垃圾分类管理提供有针对性的意见；第四篇垃圾处理和处置管理，本篇从垃圾最终处理的方法上探讨如何更加科学、有效、绿色地对垃圾进行处理和处置；第五篇垃圾倾倒和垃圾污染监管，本篇从监管视角入手，通过分析政府在垃圾分类过程中的监管职能，从整体社会福利的角度，归纳政府应该关心和注意的关键点；结论篇浙江省垃圾治理的五大经验，本篇总结归纳出浙江垃圾治理的五大经验，以求能够为政府决策和相关法律法规的制定提供一定的经验借鉴。

本书的出版得到研究阐释党的十九届四中全会精神国家社科基金重大项目（项目编号：20ZDA087）和国家社科基金一般项目（项目编号：18BGL215）的资助。在写作过程中，浙江财经大学工商管理学院、绿色管理研究院的王建明教授作为本丛书的总负责人在选题、整体框架上给予了充分的指导，同时浙江财经大学工商管理学院的吴浏洋、周颖、木杏凌、郑雨凡、张云玮和甘彤等同学也参与了本书的编撰，对本书的出版给予了非常重要的帮助。

绿色发展任重道远，新科技、新思维的不断出现，让垃圾治理工作出现了新的选择、新的希望。在各省因地制宜地制定本省垃圾处理实施意见的背景下，希望本书的出版能够为探索绿色发展和绿色管理相关议题的各界人士提供一些理论与实践参考。追寻垃圾治理的科学路径和方法，我们相信天会更蓝，水会更绿，青山长青，人民会更加幸福。

浙江财经大学工商管理学院、绿色管理研究院　高键

2020 年 5 月 1 日

DIRECTORY
目 录

第一篇

城市垃圾分类管理

一、杭州垃圾分类四年，大家携手同行

关键词：社会；生物技术；奖励机制；智能设备；游击队

 案例全文

2014 年，根据杭州市统计局民调队的民意调查显示，98.8% 的市民认为垃圾分类对市民环境意识的形成有帮助；96.5% 的市民表示了解垃圾分类这项工作。

据调查，杭州各个区，在垃圾分类回收方面，采用的招数可谓五花八门，一家更比一家"奇"。垃圾分类回收不仅能兑换积分，并且还有机会赢取手机、汽车等各类大奖。先别激动，也别怀疑。

上城区：生物技术显身手

唐龙章是南星街道水澄桥社区，一名普通的绿化工人。但他做的事儿可不普通，2011 年，他率先种起了"餐桌自救"试验田。

什么是"餐桌自救"试验田呢？其实，就是将厨房垃圾埋进土里，自然发酵分解转化成为有机肥料，实现了部分厨余垃圾就地解决。截至 2014 年 10 月底，整个水澄桥社区共开辟了 4 块类似的试验田，由社区居民分块认领，每月能消化掉 50 多袋厨余垃圾。

在实施垃圾分类的试点中，上城区利用了生物技术，取得了不错的效果。

除了水澄桥社区外，2013 年，上羊市街社区也引进了"生化武器"——厨余垃圾投放生物处理机。这个帮手也不简单，能将居民正确分类投放的厨余垃圾高温发酵，并制成有机肥料回馈居民。这些肥料可以用作街道社区的绿化建设与维护。

从 2011 年开始，上城区的小营街道还开展了"垃圾不落地"投放的试点工作，取消垃圾桶，确保居民在早晚规定时段内，直接将垃圾投入分类收集车。举手之间，换来了一个更加整洁干净舒适的生活环境。

下城区：垃圾分类还能赢汽车

住在朝晖街道的市民几乎都知道，每个市民通过垃圾分类有免费赢取大奖的机会！ 2014 年 6 月 5 日，居民吴先生赢得年度大奖，获得了一辆比亚迪汽车的五年使用权。

这到底是怎么回事呢?

在推广垃圾分类的同时，上城区有"生化武器"，下城区自然也有"月光宝盒"。2013 年开始，下城区试点推广了垃圾分类智能回收平台。截至 2014 年 10 月底，该平台已在朝晖街道的 7 个社区启用超过 1 年，共吸引了 1582 户居民参与。与该平台相结合的"扔垃圾，得积分"的活动赢得市民热赞。

居民们可以把各种塑料、金属、玻璃灯可回收再生的资源型垃圾，以及废灯管灯泡、废电池、废旧电子产品、小家电等含有有毒有害化学物质的垃圾，也就是杭州垃圾分类里需要丢弃在"红桶"和"蓝桶"中的垃圾，投入垃圾分类智能回收平台内，获得相应的积分。这些积分除了可以到社区合作的超市、商店直接抵用，为居民节省日常开支外，还有赢取比亚迪汽车、iPhone 手机等大奖的机会。

江干区："扫一扫"，垃圾房开门了

住在江干区兴安社区的居民在扔垃圾的时候应该都不会忘记"扫一扫"。"扫"什么呢? 这其中是有奥秘的。

这是江干区的垃圾分类试点开展的二维码智能分类投放服务。分发的垃圾袋上印有"厨余"和"其他"两种二维码的贴纸，通过扫描二维码才能打开相应的垃圾房门进行投放。

扔垃圾"扫一扫",不仅能打开垃圾房的门,还有积分制。社区通过二维码智能管理系统,可统计每户居民垃圾投放参与率、准确率等数据,并自动生成积分。居民可凭借积分兑换奖品。因此,居民参与度非常高。

拱墅区:"实名制""实户制"和"游击队"

2014年3月起,拱墅区锦绣社区试点就地收编"垃圾回收游击队"。社区与废品收购人段师傅签订协议,将整个社区的废品回收全部打包给他,同时要求他负责整理垃圾房秩序,每周对垃圾桶进行清洗。由于段师傅每天都会"搜索"垃圾桶,将可回收垃圾及时带走,把玻璃瓶等玻璃垃圾单独存放,集中清运,一段时间后,锦绣社区的可回收垃圾越来越少,原来社区里的8个可回收垃圾桶也变成了4个,成果显著。

除此之外,拱墅区在垃圾分类上有双重法宝。垃圾分类还陆续推出"实名制"和"实户制"。

从2010年11月起,大关街道翠玉社区开始在德胜南村2幢3个单元和7幢1个单元的52户居民中试行垃圾分类投放"实名制",每一个厨房垃圾专用袋都会贴上标签,写上每户的门牌号码,社区会根据居民的投放情况进行打分。

2011年,和睦街道的李家桥社区全市首创了"实户制"。"实户制"就是将每个家庭标识成为一个对应的数字编号,社区工作者对垃圾袋每月按不同颜色进行编号,再由保洁员、楼道长按月份送入每家每户并登记编号与户号。有了编号,社区能对居民的垃圾分类进行监督,一方面有助于将居民爱面子的心理转化为坚持垃圾分类的动力,另一方面也有助于社区工作人员分户进行深入指导,使居民能够正确分类。

西湖区:"编码袋"和广结院校

西湖区推广的"编码袋"和江干区的"扫一扫",有异曲同工之处。

2012年5月,古荡街道推行"垃圾分类智能化管理软件系统"。该系统通过编制垃圾分类管理应用软件程序,建立推行垃圾分类生活小区住户的基本信息数据库，主要收集内容包括户主姓名、地址、联系方式、垃圾袋编码、日常检查情况等。这些数据由工作人员统一管理，保障数据的安全性。工作人员会定期进行垃圾分类推行情况分析，提出整改意见，并通过手机短信进行"温馨提示"，为市民提供正确的垃圾分类方法指导。

除此之外，西湖区还广泛结对院校，强化对在校学生的宣传引导。截至2014年10月，西湖区与杭州师范大学护理学院乐帮义工队结对，定期组织开展宣传活动进小区等活动。各街道社区也纷纷与浙江工商大学、浙江理工大学、学军中学、钱塘外国语学校、保俶塔实验学校等20余所院校结对，招募学生志愿者持续开展垃圾分类志愿服务及各类宣传主题活动。

滨江区：社区书记当好垃圾分类领头人

周爱娥是滨江区西兴街道金东方社区党支部书记。由于滨江区开展垃圾分类比其他区稍晚一步，刚开展垃圾分类工作，周爱娥做的第一件事就是挖掘社区热心居民担任垃圾分类指导员、志愿者。周爱娥经常和他们沟通思想，传授经验，鼓励支持，并帮助他们解决一些实际困难。随着大家对垃圾分类回收等知识的深入了解，也慢慢坚定了信心，有的居民还介绍和鼓励自己小区的另外一些邻里朋友加入到志愿者队伍。随着队伍的不断壮大，周爱娥便开始细化垃圾分类指导员、志愿者队伍工作，将他们与楼道垃圾分类做得还不够到位的家庭进行结对互助，进一步开展垃圾分类知识的宣传劝导，并在社区内开展现场指导，很大程度上提高了社区的垃圾分类质量。针对社区居民反映的楼道口摆放垃圾桶有异味的问题，除了上门做好安抚工作，周爱娥自己动手设计了垃圾房，加班画手稿，还费尽周折找到了制作垃圾房的厂家，与社区工作人员一起去厂家洽谈，在洽谈中不断摸索改进。最终，楼道口的垃圾桶有了自己的"家"，有效地阻挡了异味的散发，也让整个小区看上去更加美观整洁，受到了居民们的一致好评。

经济技术开发区：小手拉大手

经济技术开发区不仅在经济发展上有一手，在垃圾分类的宣传方面也是相当在行。

为什么这么说呢？原来，开发区的管理人员有一个别出心裁的"妙招"。他们通过建立各个社区"小候鸟"队伍，利用周末开设爱心家教活动。志愿者们在辅导"小候鸟"文化课知识的同时，也借机向小朋友们进行垃圾分类知识培训，积极发动每个小朋友，从小培养孩子们的垃圾分类意识。孩子作为每一个家庭关注的重心，自然能潜移默化地影响到家人。通过"小手拉大手"这一工作方法，进一步推动家庭垃圾分类，不得不说"够机智"。

同时，开发区充分结合自身优势，利用高校志愿者资源，与水利水电、育英、司法警校等高校志愿者合作，进行垃圾分类上门宣传。根据当地居民流动性大的特点，社区和警务室联动，在受理居民办理暂住证的同时进行垃圾分类宣传，让新居民刚入住就有一定的垃圾分类概念。

风景名胜区：定点定时，上门收集

西湖是杭州的门面，风景区的环境自然是重中之重。针对部分社区本地常住居民少，外来租户多，流动性相对较大的情况，风景区的垃圾处理方式实行以定时上门收集为主、投放为辅。每天早上 6:00 左右和下午 2:00 左右各进行一次上门收集。保洁员在收集中进行部分抽检，并记录在《垃圾分类收集情况表》上，定时反馈给社区分类工作人员，由工作人员适时上门宣传教育，确保及时发现问题，及时分类指导。

同时，还有一支专门的督导、指导员队伍正在"秘密"行动着。这支队伍每周会不定期组织两次上门垃圾分类抽检。居民完全不必担心可能会出现疏漏。分类指导员会及时反馈问题，并对居民进行宣传，及时解决居民反映的问题。

另外，当地政府开展了"民主化、透明化"的监督机制，化解垃圾分类中的难题。监督团队会通过例会、培训、现场观摩、情况交流等多种形式，邀请社区干部、居民参与分析研究问题。百姓能够亲身参与到垃圾分类的工作中来，出谋划策，提供金点子。不仅是政府和民众在为垃圾分类的推广做努力，许多企业和公益组织也都在添砖加瓦。

万科物业就率先在其负责的小区内推广垃圾分类，并在位于余杭区的良渚文化村里建立了一个垃圾分类推广中心。该中心建成于 2011 年 12 月，占地面积 3066 平方米，建筑面积 664 平方米，总投资约 500 万元，是一个以垃圾分类为主题的环保教育基地。

2014 年，良渚文化村 5 个小区日产垃圾量约 8.7 吨。阳光天际、竹径茶语 100% 的垃圾，郡东、郡南、郡北 25% 的垃圾都被送往垃圾分类推广中心进行二次分拣，厨余垃圾制作成有机肥料。自 2011 年 11 月启动垃圾分类后的 1 年时间，5 个小区垃圾分类投放的准确率从原来的几乎为零上升到 70% 左右。通过垃圾分类推广中心的垃圾能减量 36%~41%，厨余生产线饱和处理量为每天 1 吨，成果显著，收效甚广。

另外，民间性的公益组织也义不容辞地支持着这项活动。"绿色浙江"是专业从事环境服务的公益性、集团化社会组织，主要致力于公众环境监督、生态社区建设、环境教育传播等工作。

从 2014 年 7 月 1 日起，"绿色浙江"开始以古荡街道莲花社区的秋水苑作为试点，通过组织志愿者在早晚垃圾投放高峰期的现场指导，帮助居民养成垃圾分类的习惯，提高垃圾分类准确率。与此同时，"绿色浙江"还帮助秋水苑社区组建起了一支社区环保队，虽然是业余的，但队员们的积极性都很高。环保队作为保证社区垃圾分类的长效机制，可为社区持续做好垃圾分类提供有力的保障。

资料来源：李敏吉、任彦、王一雯：《杭州垃圾分类四年，大家携手同行》，《杭州日报》2014 年 10 月 31 日，第 B05 版。

 经验借鉴

随着 2019 年 11 月 1 日《浙江省城镇生活垃圾分类标准》的正式实施，一直以来困扰城镇居民垃圾分类管理中的一个关键问题——如何对垃圾进行有效分类，有了非常明确的规范指导。但是一个好的规范文件仅仅是打赢城镇垃圾治理战役的第一步，更为重要的问题是，如何唤醒城镇居民垃圾管理的自主意识，将垃圾分类变为城镇居民的自觉行为。杭州 4 年的实践，无疑给了政策推进者以很大的启发。

首先，以利导益，建立激励机制。个人利益和环境保护因素一直以来都被学术界认为是促使居民产生亲环境行为的两大类激励类因素。而在居民未形成良好的环境保护意识的社会体制下，个人利益因素无疑比环境保护因素更加具有效果。杭州的经验，从一个角度来论证了理论的正确性，通过生活垃圾分类的"利"，与每个人建立紧密的联系，从而促进居民产生主动的垃圾分类行为，并创新垃圾分类的技术手段，最终形成以个人"小利"到城市环境"大利"的转变。

其次，明晰权责，突出管理主体。在生活垃圾管理的过程中，不能忽视管理主体的作用。这里的管理是指两个关键问题：第一个是谁来管。无论是物业也好，还是社区也好，甚至是行政区划的主要负责人，必须要梳理生活垃圾治理的管理主体，使令出多门改为令归一家，统筹所在区域的整体垃圾治理规划。第二个是管什么。一是管好自己，努力做垃圾分类治理的领头人；二是管好规范，当出现违反规范时，可以看到问题，可以溯源责任人。

最后，找好抓手，以规范促习惯。无论是以利促行，还是"小手拉大手"活动，都是各级管理部门在生活垃圾治理上的重要抓手，以抓手促管理效率，以抓手促行为产生，以抓手促习惯养成。

二、垃圾桶攀上高科技

关键词：浙江；垃圾分类；高科技应用

 案例全文

垃圾桶是我们生活中常见的东西。但看似平凡的垃圾桶也可以充满"黑科技"。

粉碎盘垃圾桶：这是一款被应用在厨房的垃圾桶。每个在厨房待过的小伙伴，应该都经历过清理厨余垃圾的痛苦，尤其是当下水道被堵住的时候。而粉碎盘垃圾桶可以很好地帮你解决"下水道"危机。

垃圾桶的粉碎盘拥有一个强力的合金捣锤，采用锤、切、撕、磨四个动作，将所有垃圾粉碎到特别细度。粉碎后，粗、细两种垃圾通过滤孔自动分离，成浆状的细垃圾随水流变成液体流入管道；粗的垃圾会稍停留在刀盘上继续粉碎，形成粉末状后，随水流流入管道。一次工作十几秒钟即可，用户再也不用为管道堵塞烦恼了。

带 Wi-Fi 的垃圾桶： 这款太阳能垃圾桶带有芯片，每个垃圾桶还配有一个回收再利用桶，上面印着"金属、玻璃、塑料"，提醒大家进行垃圾分类。

垃圾桶内置垃圾绞碎和压实工具，让它拥有普通垃圾桶 5 倍的容量，因此不需要频繁地清垃圾。同时，这款垃圾桶是密闭的，既美观又不会有异味。

此外，垃圾桶内置的芯片可以随时监测垃圾桶的状况，比如太满或者气味太重，通过发送即时信息，与整个城市的垃圾处理部门后台相连，垃圾车和清洁车可以根据这些反馈部署收集路线，减少人力成本，增加效率。

智能吸尘垃圾桶： Poubelle 公司在 Kickstarter 众筹网站上推出了一款智能吸尘垃圾桶 Bruno。它拥有静音吸尘功能，用户只需要把垃圾扫到吸尘入口前，垃圾就会自动被吸入到垃圾桶内专门设计的垃圾袋中。

Bruno 的盖子能够进行动作检测，用户通过在其顶部简单地挥手，盖子就能自动打开，使用完毕自动关闭。它的内部还内置了一个收纳夹，可以存放备用垃圾袋，便于垃圾袋更换。当垃圾满了的时候，它会提醒你倒垃圾。虽然 Bruno 需电力驱动，但它的续航时间长达一个月。

自动地下抽吸系统垃圾桶： 在法国巴黎郊区 Romainville，这款垃圾桶已经投入使用。

别看它在地面上的部分简简单单，但是却拥有庞大的地下管道。它可以把扔在筒里的垃圾吸入地下管道，并运送到最后的终端。而工作人员只需要在终端处理被送过来的垃圾就可以了，能够节约巨大的人力成本，并提高了效率。

资料来源： 盛锐：《垃圾桶攀上高科技》，《钱江晚报》2016 年 10 月 13 日，第 Q0008 版。

 经验借鉴

垃圾分类问题困难的永远不是垃圾问题本身，而是缺乏思维和方法。借助科技的力量赋能垃圾分类处理，必然会成为我国循环经济科技化的主流化路径，这是大势所趋。在欧美发达国家及地区，类似的科技化垃圾处理方式已经深入人们的日常，而在我国还有很长的路要走。如果说科技化手段是解决问题的方法，那么思维就是解决问题的思路。思路永远在方法之前，同时方法又给思路的实现提供了可能，同时还能更好地启发新的思路。因在科技赋能垃圾处理管理过程中，应具有以下两种基本的管理思路：

首先是分解化思路，将垃圾分类管理过程转化为一个个独立的管理环节，针对不同管理环节的不同属性，进行针对性的管理。同时也为科技赋能垃圾分类处理管理找到具体的立足点和创新点，以一点突破全局。例如，在垃圾分类处理的过程中，先进行甄选，再根据不同垃圾类型进行不同的处理模式。

其次是整合化思路，独立的管理环节最终要形成一个有机的整体，各环节上要进行有效的联动，通过整体集成和优化各环节独立所带来的缺陷，从而使整体垃圾分类处理管理达到最优。

三、垃圾分类处置工作任重道远

关键词：浙江；"三化四分"；垃圾减量

 案例全文

2016 年 7 月，钱江经济开发区召开了上半年度"三化四分"工作会议。会议全面总结了上半年生活垃圾"三化四分"工作情况，并结合当前存在问题提出下一步对策，各部门、街道、社区发表意见。

2016 年上半年，钱江经济开发区坚持克难攻坚，创新举措，积极推进垃圾"减量化、资源化、无害化"和"分类投放、分类收运、分类处置、分类利用"工作，取得了一些成效。

垃圾分类达标小区有 32 个

截至 2016 年 7 月，钱江经济开发区共 63 个生活小区、77 家机关事业单位推进生活垃圾分类，经市、区两级考核，上半年达标小区共 32 个。其中，做得比较好的小区主要表现在宣传到位、设施保障到位、居民垃圾分类意识较强，如实行一户一档，严格按编号分发垃圾袋，并定期对分类情况进行检查和公示，每月开展"三化四分"示范家庭户评选，并给予一定的物质奖励；

邻里社区组建了社区娃娃楼道长队伍，采用积分兑换奖品的形式，充分发挥小区内小朋友参与垃圾分类工作的积极性，以小带大的形式带动全家一起参与垃圾分类；有的小区实行片长上门发放垃圾袋的政策，每月定期上门发放垃圾袋，这样既保证了垃圾袋的发放率，又可以对家庭的垃圾分类进行入户指导，确保垃圾分类的准确率，同时也增进了社区和居民间的了解。

八项举措控制垃圾减量

面对垃圾持续增长的严峻形势，为完成杭州市下达的年度控量目标，管委会副主任何铨寿多次召集相关部门专题研究垃圾减量工作，并提出了八项主要的减量措施。例如，①加强清洁直运作业监管，启动生活垃圾集中脱水管理，对一号路、高教东区两座中转站进行改造，增设自动道闸机、地磅、视频监控和排水设施设备，对垃圾运输车辆进行 GPS 监管。在中转站改造未完工前，临时派遣第三方监管人员对脱水作业实行现场监管，2016 年 3~6 月累计去水约 2700 吨，去水率近 10 个百分点。②开展农贸市场生鲜垃圾源头减量工作，截至 2016 年 7 月上旬，辖区 7 个农贸市场均与收运处置单位签订了收运处置协议，实现了生鲜垃圾资源化利用。③规范餐厨废弃物（泔水）收运处置工作，面向全区机关企事业单位印发了 2000 余份《餐厨废弃物规范收运处置告知书》，并组织区内 300 余家餐厨废弃物产生单位进行了动员布置。

开展渣土整治 48 次

钱江经济开发区在渣土管理方面，健全组织机构，成立了开发区工程渣土管理工作领导小组，并按照职能分工，设立三个推进组，即泥浆脱水固化就地处置推进组、建筑（装修）垃圾资源再生利用推进组和工程渣土运输管理专项整治推进组。同时，规范办理工程渣土审批，截至 2016 年 6 月底，受理审批渣土处置证 19 件；成立渣土整治办公室，从各相关单位抽调专职人员负责工程渣土运输的日常监管，开展渣土整治 48 次，检查渣土车 350 余辆，查处无证运输、有证未密封化运输 12 起，乱倒渣土 31 起。

垃圾分类仍是一项艰巨任务

截至 2016 年 6 月，钱江经济开发区累计收运处置生活垃圾 68327.4 吨，同比 2015 年增长 21.9%。尽管管委会做了大量的工作，采取了一些有效的减量措施，但距离杭州市下达的生活垃圾年度控量目标 1% 差距仍然较大。存在的问题如下：餐厨废弃物（泔水、废弃油脂）的收运处置不够规范，尽管《杭州市餐厨废弃物管理办法》已于 2016 年 4 月 1 日起正式实施，但餐厨废弃物混入生活垃圾清运的情况仍旧较为普遍，尤其以下沙街道几个老的回迁安置小区最为严重，回迁小区属于开放式小区，居民楼下都自有商铺，日常的生活垃圾与餐厨废弃物不做分类，泔水直接倒入生活垃圾桶的情况时有发生。

围绕年度考核任务，钱江经济开发区将重点做好以下几项工作：一是加快推进减量化工作，确保各项措施落实到位；二是继续推进生活小区垃圾分类，加强宣传，有效带动"两率"水平的提升；三是加大《杭州市餐厨废物管理办法》《杭州市生活垃圾管理条例》宣贯力度，确保开发区垃圾管理逐步走上法制化、规范化轨道；四是加大危险废弃物日常监管，规范收运处置；五是探索、创新管理模式，确保垃圾分类工作有新成效。

资料来源：朱燕：《垃圾分类处置工作任重而道远》，《钱江晚报》2016 年 7 月 25 日，第 Q0003 版。

 经验借鉴

垃圾分类管理任重道远，需要不断地进行总结和评价。有人说管理的精髓在于"控制"。那么及时总结经验教训，评价现有存在的成果以及问题，更能帮助我们坚定信心，明晰问题，进而踏实地推进垃圾分类管理问题的解决。

首先是谁来控制？在垃圾分类管理的政策制定和过程管理中，涉及多方利益相关者，政府作为公共管理机构，在其中所产生的作用是至关重要的。但是保护环境和治理管理并不仅仅是政府的责任和义务，同时还是每一个经济主体，甚至每一个普通的老百姓的共同的责任。以政府为主导，以企业经济活动和居民日常生活为抓手、为载体，充分发挥各方主体在垃圾分类管理中的作用。

其次是控制什么？在监督的过程中，要有重点，探讨垃圾分类治理过程中的关键环节。将此作为控制的重点。确认相关环节的责任人，制定具体目标的量化考核指标，明晰具体完成目标所需要的步骤。让垃圾分类管理过程可控、能控。

最后是控制后怎么办？控制的目的是为了找到目前存在的问题，找到了预定目标之间的距离，但更重要的是提升。如果没有提升为目标的控制，则是失败的控制。

四、谁家垃圾不分类，城管找上门

关键词：浙江；垃圾分类；责任制

 案例全文

2015 年 12 月 1 日，《杭州市生活垃圾管理条例》（以下简称《条例》）开始实施，这是杭州首部关于生活垃圾分类和治理的地方性法规，从规划和设施管理、垃圾源头减量、分类投放、分类收集运输与处置、促进设施、监督管理、法律责任等方面做出了具体规定。正式实施前，杭州市城管委的相关负责人就《条例》中与市民密切相关的部分，进行了解读。

哪些区域纳入垃圾分类管理？

解读： 生活垃圾分类是一个逐步推进的过程，不同的区、县（市）进展情况不同，垃圾分类管理的具体区域将由各区、县（市）政府确定并公布，并根据推进情况适时调整。

目前，各个区、县（市）正在研究具体的实施区域，确定后会于近期公布。原则上，目前已经实施垃圾分类的这 1836 个生活小区都将纳入管理区域。

个人垃圾不分类，怎么罚？

《条例》对可回收物、有害垃圾、餐厨废弃物、其他垃圾都有具体的投放规定。违反规定的，由城管执法部门责令改正，拒不改正的，对个人处 50 元以上 200 元以下罚款，对单位处 5000 元以上 5 万元以下罚款。

丢入垃圾桶的垃圾，如何追根溯源？如果没有分类，谁来罚款？

解读：城管部门主要通过三种方式查处：一是抽查，派执法队员现场蹲守，不定期抽查市民垃圾分类情况。二是通过垃圾分类管理责任人管理。垃圾投放人不按要求分拣，责任人可拒绝投放，并报告市容环卫部门。三是杭州已经有 60 多个小区进行了垃圾实名制。这些小区只要使用实名制的垃圾袋，就能追根溯源，对垃圾不分类的居民进行查处。

垃圾分类由谁管？如何管？

解读：《条例》中，首次提到了一个管理责任人制度。按照规定，实行物业管理的居住区，物业服务企业为责任人；未实行物业管理的居住区，社区居民委员会为责任人。农村居住区，村民委员会为责任人。

今后，杭州市政府可能考虑向第三方购买服务这个方式解决这个问题。这在杭州已经有了比较成功的先例。比如，余杭区崇贤街道星海云庭、紫欣华庭 2015 年 3 月试点"二维码智能垃圾分类"，效果比较好，生活垃圾总量同比下降 16%，垃圾分类正确比例从 40%~50% 提高至 85% 左右，平均每天回收物品 100 千克。

建筑垃圾乱扔，怎么罚？

解读：《条例》规定：居民、单位装饰装修房屋产生的建筑垃圾，应当在生活垃圾分类投放管理责任人指定的地点临时堆放，不得混入生活垃圾投放。

将建筑垃圾混入生活垃圾投放拒不改正的，对个人处 500 元以上 2000 元以下罚款，对单位处 5000 元以上 5 万元以下罚款。

据不完全统计，2015 年杭州每天大约产生 500 吨装修垃圾。杭州市城市管理委员会 2014 年下发通知，不得将装修垃圾等非生活垃圾运往天子岭。《条例》中再次明确了这一点。

另外，杭州清运装修垃圾，将由政府定价改为市场定价。环卫监管中心表示，从 2009 年开始，杭州城区装修垃圾清运处置费为政府定价。其收缴标准为住宅建筑面积 90 平方米以下收取 200 元／户，90（含）~140 平方米为 300 元／户，140 平方米（含）以上为 400 元／户。

资料来源：孙晶晶：《谁家垃圾不分类，今后城管会找上门》，《钱江晚报》 2015 年 12 月 1 日，第 A0005 版。

 经验借鉴

本案例是一个关于制度控制的问题。如何保障相关制度得到顺利的执行，达到指定政策时预定的效果，这是采取控制政策的关键。

目前对于垃圾分类问题，虽然国家和浙江省已经制定了比较完善的相关制度体系，但是很多制度在执行的过程中缺乏政策效果的有效监督和考核。杭州市的处理办法为解决这一问题提供了一种思路。

首先，有法可依，以制度为准绳。通过制定各类的相关管理措施，让相关责任人了解自身行为所带来的法律后果。从刚性政策的角度规范人们的行为。其中采用垃圾袋实名制的方式可以作为一种有效的管理工具，使管理能够更加精准化和精细化。

其次，执法必严，不能让制度成为摆设。从本案例中可以看出即使有了较为明晰的制度，但是在执行过程中仍存在较大的问题。这不仅体现在投放垃圾的普通居民在垃圾分类上的意识不足，同时也体现了部分环卫管理者在工作中也不按具体的要求来进行的问题。这些问题都应该成为执法过程中关注的重点。

再次，如果说刚性的法律是对居民的行为进行了指令性要求，那么更为重要的是在日常生活中对于居民进行柔性的引导，唤醒其内在的环境意识，主动地进行垃圾分类的活动。

最后，明晰政府与市场之间的界限。在垃圾分类管理的过程中，明确哪些应该交给更为灵活的市场职能，哪些应该交给政府来进行。对于政府管理无法触及的地方，引入市场机制来进行调节，而对于市场不愿进入的部门，则充分发挥政府的公共管理职能。

五、早城社区创建垃圾智能分类示范小区

关键词：早城社区；垃圾智能分类；"黑名单"；账户冻结；"卡通代言人"

 案例全文

说到垃圾分类，就不得不提早城社区。2016 年 12 月，钱江经济开发区生活垃圾"四分三化"智慧分类在早城社区启动，社区范围的德信·早城、名城·湖左岸、德信·中外公寓三个小区，成为全区首批实施生活垃圾智慧分类的小区，率先在小区里安装智能垃圾袋发放机和智能垃圾回收箱。

这些小区不仅将垃圾分类系统进行了升级，同时还在小区里摆设了杭州垃圾分类卡通代言人和垃圾分类知识小展板。

垃圾分类"卡通代言人"进小区，很受欢迎

此前，住在中外公寓的张小姐在散步时，发现小区草坪上多了一个卡通人物，再往前走，还发现三个不一样的卡通人物。眼尖的她，一下子就认出了它们——这是杭州生活垃圾分类的卡通形象。

在这四个卡通小人边上，还有一块展板专门对卡通人物和垃圾分类做了介绍。不少孩子散步路过这里，都会和这些卡通形象合影，他们还会要求爸爸妈妈给他们讲讲展板上的故事。

业主刘小姐说："这些故事，让孩子们知道了保护资源和垃圾分类的重要性……现在，连我家宝宝都知道生活垃圾和厨余垃圾要分开扔的。"

把这四个卡通人物引入小区，这在钱江经济开发区还是头一个。"这四个卡通以暖色系为主基调，给人以快乐、亲切的感受，四种颜色分别代表四种垃圾分类的内容。放在社区里让路过的居民看一下，可以加深他们对垃圾分

类的记忆。"早城社区工作人员说。

　　未来，社区还打算在小区里设置一些投影灯。"天黑了以后，这些小展板就不太看得清了。但是用投影灯可以在小区里投影有关垃圾分类的小知识。这样，无论白天还是晚上，居民只要走在小区里，就能看到垃圾分类的小知识。"社区工作人员表示。

超过三次被检查到垃圾不分类，就会上"黑名单"

　　有一天，小区里的赵大姐发现自家的二维码卡片无法在小区智能垃圾袋发放机处领取垃圾袋，提示账户已被冻结，这是为什么呢？

　　原来，垃圾袋上印有和住户卡片上一样的二维码，分类督导员通过查检机扫描比对后，发现赵大姐有好几次都没有给垃圾进行分类。于是，便上门对她进行劝说，并指导她该如何对垃圾进行正确分类。但是等关上门，赵大姐依然我行我素。

　　"垃圾分来分去太麻烦，有的时候厨余垃圾只有半袋，这么扔掉觉得浪费塑料袋，不扔掉厨房里味道就特别大。"所以，赵大姐就索性把生活垃圾和厨余垃圾混在一起丢。不过，这一切都逃不过智能系统的"火眼金睛"。在检测到三次垃圾没有分类后，赵大姐就直接自动被系统列为"黑名单"，冻结了账户。

　　"上周五，我发现家里的垃圾袋不多了，便想去楼下的机器上领取，结果系统说我的账户被冻结了。我找来督导员一问，才知道是因为自己垃圾没分类惹的祸。"说到这里，赵大姐觉得有些不好意思。指导员告诉她，只要后续几次做好垃圾分类，系统检测到后就会自动将账户解冻。

　　于是，赵大姐回家后，天天都认真对垃圾进行分类。此后，她家的账户才解冻，顺利取到垃圾袋。"经过这次的教训，我以后还是不能怕麻烦，老老实实分类，毕竟这是好事情。"赵大姐说。

　　"每天，我们小区的垃圾分类督导员都会对垃圾桶里的垃圾袋按照15%的比例进行抽检，并通过巡检机扫描二维码查询到垃圾袋的主人，无论分类做得好与坏，巡检结果都会以短信的形式反馈给居民，如果连续三次没有分类，就会被系统自动列入'黑名单'，冻结账户。"社区工作人员介绍，采用这种方法后，小区里垃圾分类率得到大大提升。此外，社区工作人员还表示，今后还打算引进会"说话"的太阳能垃圾桶。

延伸阅读

早城社区从 2015 年 6 月开始开展垃圾分类工作，同年 9 月基本完成垃圾分类基础工作，开始逐步引导居民正确开展垃圾分类。

其中，中外公寓的垃圾分类工作一直走在开发区前列。该小区共有 12 幢多层住宅，6 幢高层住宅，共有居民 644 户，设立了 15 个垃圾投放点，并在 17 幢 2 单元架空层设立了垃圾分类指导点。

2016 年中旬，垃圾分类智能系统入驻小区。中外公寓成为开发区首批实施生活垃圾"四分三化"智慧分类的小区之一。在开发区城管办、下沙街道城管科、早城社区的共同努力下，小区在年底顺利评上杭州市垃圾分类示范小区。2017 年，小区垃圾分类工作继续发力，开展了各类垃圾分类主题活动，充分提高居民垃圾分类意识与分类正确率。

资料来源: 汤晓燕:《早城社区创建垃圾智能分类示范小区 垃圾不分类，会被系统列入"黑名单"》,《钱江晚报》2017 年 9 月 20 日，第 Q0006 版。

 经验借鉴

垃圾分类管理在刚性的制度之外，更需要柔性干预制度。柔性干预政策的目的是从价值观、意识等层面改变居民对环境保护，垃圾分类等亲环境行为的态度，从而促使居民主动地参与到垃圾分类过程中。本案例正是运用了柔性干预政策方式来进行垃圾分类的管理。

首先，卡通人物形象的使用。在品牌营销领域，采用卡通人物等拟人化的策略是较为常用的手段，目的在于激活用户内心的情感，使之产生与卡通人物形象所对应环境的共情性，从潜意识角度增加与用户的紧密联系，从而促进用户行为的发生。运用卡通人物形象工具能够拉近与终端用户之间心理距离，使其更加愿意理解和认可。但是，同时也要意识到不是所有的宣传都可以运用卡通人物形象，比如在比较严肃、正式的场合，运用卡通人物形象就会显得与整体环境和氛围格格不入。

其次，采用用户行为评价机制。作为后置政策的一种，对于用户的现有行为进行评价，同时建立柔性和刚性两种不同的奖惩体系，以社区范围内形成一种认可垃圾分类，否定错误垃圾分类的机制和氛围。从群体压力和群体认同的角度让居民感知到自身错误垃圾分类行为所带来的心理压力，构建起主动进行垃圾分类管理的主观规范。

六、扫码得分："二维码智能垃圾分类"模式

关键词：浙江；垃圾分类；扫码得分

 案例全文

几年前，余杭区生活垃圾总量以平均每年 12.9% 的速度野蛮增长，"垃圾围城"的困局正步步逼近。2015 年 1~5 月，余杭区首度实现生活垃圾负增长。2015 年 1~7 月，全区生活垃圾清运处理 37.76 万吨，比 2014 年同期下降 0.68%。垃圾分类一直受到政府和居民共同的关注，而"二维码智能垃圾分类"模式的实施，大大提高了全区垃圾分类工作的效率。

扫扫二维码，垃圾分类轻松解决

何为"二维码智能垃圾分类"？简单来说，就是利用目前流行的物联网、二维码等技术手段，实现垃圾投放的有源可溯。这个项目主要由三大硬件设备组成——垃圾袋自助发放机、智能垃圾分类专用收集箱以及可回收垃圾智能回收平台。

通过前期的信息采集，试点小区的每户人家都会获得一张卡片，这张卡片就是每个家庭的垃圾专属"身份证"。有了这张卡，居民每月可以去垃圾袋自助发放机上，通过扫描二维码，获得黄色和绿色垃圾袋各一卷，每卷垃圾袋有 30 个，其中黄色代表其他垃圾，绿色代表厨余垃圾。更重要的是，这种"一户一卡"的方式实现了垃圾分类的"实名制"。

每个垃圾袋上都印有和居民"一户一卡"相对应的二维码图标，居民投放厨余垃圾和其他垃圾时，使用发放的垃圾袋，通过在智能分类垃圾箱上的

扫描端口，扫描袋子上的二维码图标，对应的"其他垃圾"箱门或"厨余垃圾"箱门就会自动打开。

对于像塑料瓶、易拉罐等可回收垃圾，居民也只需将可回收垃圾打包好，然后贴上相对应的可回收垃圾专用不干胶，在可回收垃圾智能回收平台上，通过扫码—称重—投放—关门，整个过程只需几秒时间。不仅如此，每投放一次，居民的手机上就会接收到积分短信，通过积分累积，居民还可去商家和网上商城进行消费，兑换日用品等。

"您好，今天对您投放的垃圾巡检评分为 5 分（厨余垃圾投放正确、分类正确）。"家住碧天家园的闫阿姨每天放完垃圾后，都会在手机上收到类似的短信。不过有时候由于疏忽，闫阿姨得到的积分可能不足 5 分，比如前段时间在厨余垃圾里混入了少量其他垃圾，当天她就会收到相应的短信提示，并显示积分只有 3 分。

各小区"二维码智能垃圾分类"有成效

2015 年 3 月，崇贤街道正式启动"二维码智能垃圾分类试点"项目，两个试点小区的 1100 户住户使用先进的"二维码"技术，实行垃圾分类日常管理模式，这在全国尚属首创。

同年 9 月，庙东社区在碧天家园中心花园举办"垃圾分类齐参与、低碳环保惠生活"——智能化垃圾分类科普宣传活动。该活动不仅对智能化垃圾分类运行 2 个月以来厨余垃圾分类排名前 20% 的优秀住户进行奖励，还通过表演、游戏等形式，让居民快乐地学习正确的垃圾分类知识。

综观整个排名表，246 户常住户中的 200 户居民都已经积极参与智能化垃圾分类，大家的成绩都很出色，排名第一的李阿姨家在 2 个月厨余垃圾分类里积累了 298 分（满分 305 分），分类极其细致、认真。她说，平时连一个牙签、一张纸巾都要仔细挑拣。高积分折射出居民对垃圾分类的认同与参与，也是对社区垃圾分类宣传、引导工作的认可。居民拿着奖品与奖状，都说奖品太丰厚了，下次一定再接再厉，冲进前 40 强。

据了解，截至 2015 年 8 月 25 日，经分拣人员对厨余垃圾 100% 分拣，小区居民厨余垃圾分类正确率 84.38%，共有 8355 千克厨余垃圾运到荷花塘降解为肥料，变废为宝，真正实现了社区垃圾处理减量化、资源化、无害化。

垃圾如何分类？

为了方便管理，我们通常将垃圾分成可回收垃圾、厨房垃圾、有害垃圾、其他垃圾这四大类。具体区别如下：

可回收垃圾：再生价值较高，能进入废品回收渠道的垃圾。主要包括报纸、传单、杂志、旧书、纸板箱及其他未受污染的纸制品等纸类，金属包括铁、铜、铝等制品，玻璃瓶罐、平板玻璃及其他玻璃制品，泡沫塑料、塑料瓶、硬塑料等。

厨房垃圾：厨房产生的食物类垃圾及果皮等。主要包括剩菜剩饭与西餐糕点等食物残渣、菜梗菜叶、动物骨骼内脏、茶叶渣、水果残余、果壳瓜皮、盆景等植物的残枝落叶、废弃食用油等。

有害垃圾：含有毒有害化学物质的垃圾。主要包括电池（蓄电池、纽扣电池等）、废旧电子产品、废旧灯管灯泡、过期药品、过期日用化妆用品、染发剂、杀虫剂容器、除草剂容器、废弃水银温度计、废油漆桶、废打印机墨盒、硒鼓等。

其他垃圾：除去可回收物、有害垃圾、厨房垃圾之外的所有垃圾的总称。主要包括受污染与无法再生的纸张（纸杯、照片、复写纸、压敏纸、收据用纸、明信片、相册、卫生纸、尿片等）、受污染或其他不可回收的玻璃、塑料袋与其他受污染的塑料制品等。

实现源头可溯、精准管理、有效激励，垃圾减量率达 16%，投放准确率和分类正确率大幅提升；临平、东湖街道引进的餐厨垃圾处理设备能够将餐厨垃圾就地处置，实现厨余垃圾就地减量；乔司街道将工业垃圾从生活垃圾中分离出来，与企业合作处置服装边角料，通过废弃资源再生利用推动垃圾减量；闲林街道组建"阿姨督导队"，加强宣传，讲解要领，推动垃圾分类进一步普及；黄湖镇利用堆肥方式对可腐有机垃圾进行就地处置，实现垃圾减量和肥料成本降低"双赢"。

资料来源：葛玲燕：《扫码得分：看谁家垃圾分类好》，《钱江晚报》2015年9月11日，第Y0004版。

经验借鉴

运用科技手段,为用户颁发环保"身份证",使垃圾分类管理做到溯源可追踪,从垃圾的源头对垃圾分类进行精细化管理。将垃圾分类从一个社区,一栋楼,进一步精准到一户家庭,这使从家庭层面进行垃圾分类管理成为可能。基于技术接受模型(Technology Acceptance Model, TAM),我们可以汲取几点经验:

第一,增强垃圾分类管理相关科技工具的易用性。科技工具的使用必须要与用户的日常使用习惯重合,甚至是优化现有的用户使用习惯,而不能给用户的日常使用习惯增加任何多余的负担。在具体的产品设计过程中,要充分考虑科技工具的人体工学效能性匹配程度。将垃圾分类相关的科技产品嵌入消费者日常使用习惯之中。

第二,增加垃圾分类管理相关科技工具的有用性感知。不仅要让管理者能够明晰科技工具的使用效果,同时更要让使用者知道科技工具所能产生的效用,特别是让使用者明确自身使用前后的效果差异,从而明确使用科技工具能够为其及其家庭带来什么。

第三,通过外在科技工具的目标是改变使用者的态度,进而使使用者的行为成为主动行为,而非被动行为。故而在日常生活中与科技工具搭配的垃圾分类知识的介绍必不可少,通过知识的增进从另一个侧面提升使用者的垃圾分类意识和提高垃圾分类的正确率,从多角度形成提升使用者垃圾分类的态度—行为转换机制。

七、宁波厨余垃圾无害化处理实践

关键词:浙江;厨房垃圾;沼气原料

案例全文

宁波一直在推行垃圾分类,可是分类后运走的垃圾,特别是厨余垃圾,去了哪儿呢？

要回答这个问题，先要看一组数据：宁波市每天的生活垃圾已经从 2009 年的 2100 吨上升到了 2014 年的 4100 吨，截至 2015 年 8 月，日最高值已突破 5000 吨，而这个量还在以每年 7%~8% 的速度增加。

然而，彼时宁波生活垃圾的日处理能力仅是 3750 吨，而且当前基本还是依靠填埋、焚烧的方式。

宁波市垃圾分类办对此也曾表示，在引导生活垃圾从源头分类、减量的同时，末端的处理压力也在与日俱增，问题刻不容缓。

当垃圾分类走进千家万户，许多市民正好奇挑出来的厨余垃圾去哪儿了的时候，其实它们已经告别了和其他垃圾一样被填埋、焚烧的命运，开启了自己不一样的"旅程"。

厨余垃圾分类不理想，只好多做一道人工分拣

清晨，某小区的垃圾桶边。早起遛弯的王阿姨，拎着一袋垃圾，顺手扔进了垃圾桶。这是一袋厨余垃圾，也就是说，王阿姨已经按照社区教的办法，做了大致的分类。之后，它静静地躺在垃圾桶里，等着每天专门的厨余垃圾车，从各个社区被运走。它要去的地点，是市区唯一的处理点——宁波开诚公司。

绿白相间的厨余垃圾车，在统一的垃圾堆放点停下了。这袋垃圾，跟其他的垃圾袋一起，被倒置在堆放点，再一批批被送到运输带上。运输带上的垃圾袋很多，有些居民的分类工作做得不错，可有的垃圾袋里的东西，可就不一定就是纯粹的厨余垃圾了，尼龙袋、包装盒……什么都有。于是运输带边，三个一字排开的工作人员，将运来的垃圾袋一个一个解开，眼疾手快地从中挑出了尼龙袋、包装盒、玻璃瓶等。15 分钟过去，已经有满满一箩筐的易拉罐从运输带上被"踢"出来，拖走了。

开诚公司的相关负责人表示，按照正常的处理流程工序，"人工挑出非厨余垃圾"这个环节，是不需要的。可惜的是，就是因为垃圾分类的源头工作不理想，合格率不到一半，只能无奈增加"人工分拣"的环节。

厨余垃圾经过 20 多天的处理，提炼出的沼气可供发电

厨余垃圾通过前期"人工分拣"后，正式进入回收处理环节，这才是它真正开始"变废为宝"旅程的起点。

只不过，这个"变废为宝"的过程并不轻巧。一件东西，要变成垃圾只需随手一扔，可要再变回可利用之物，需要经历超过 20 多天的磨炼。

在这 20 多天，厨余垃圾要先后经过粉碎、脱水、分离、发酵等处理环节，最终被提炼出最主要的有机物沼气，以提供沼气发电的原料。

同时，被分离出来的水和固体残渣也得到了无害化处理，除了正常排放外，固体残渣还是一种不错的有机肥料。

"由于源头分类的合格率低，目前厨余垃圾最终可以提取的有机物在两成左右。但一旦分类精确，这个转化率就能达到近 50%"。至于那些前期"混进"厨余垃圾袋内的其他垃圾，还是逃不过被填埋、被焚烧的结局。

而据开诚公司的相关负责人王经理介绍，整个处理场的厨余垃圾日处理量在 30~40 吨，虽说在生活垃圾中的占比不到 1%，但这些垃圾要是分得好、纯度够，都能"变废为宝"，也是不小的贡献。

海曙有小区提出新设想：将厨余垃圾就地无害化处理

位于海曙的海光新都社区尝试将厨余垃圾就地进行无害化处理。

为小区打造垃圾分类系统的是宁波星益互助中心，总经理丁兆连介绍："现在垃圾分类成了趋势，那么源头分类之外，终端的处理也是个不小的探索。因此，我们打算对小区的垃圾房进行改造，把普通用来存垃圾的地方，改造成可以处理垃圾的新型垃圾房。"

事实上，这个大胆的想法，他们也确实已经展开了尝试。

在丁兆连的计划中，改造好的垃圾房将拥有一台厨余垃圾处理机，它能够把厨余垃圾转换成有机肥料，同时，做到排放物无害处理。也就是说，厨余垃圾一边被提取为有机肥料，另一边处理机排放出来的水可以达到城市二类用水标准，可以进行无害排放，甚至再利用。

同时，垃圾房还会配置其他垃圾的处理机，在小区内就把 80% 的垃圾处理完毕，免去运到城市垃圾处理厂的环节。

资料来源：朱娇娇、陈瑞环：《垃圾分类分得不理想　只能重新人工分拣》，《钱江晚报》2015 年 8 月 4 日，第 N0003 版。

 经验借鉴

餐厨垃圾的回收与其他垃圾相比在处理方式上具有显著的不同，在传统的垃圾分类中，餐厨垃圾被单列出来，以便于进行二次回收。然而在具体操作过程中，由于居民对于垃圾分类的具体方法和类型不够明晰，以及垃圾分类意识不够强烈，往往使餐厨垃圾与其他垃圾混杂在一起，给垃圾分类工作造成了困难。宁波市的做法为餐厨垃圾的分类管理工作提供了一些思路与方法。

首先，精准分类是解决餐厨垃圾处理的关键环节。为了达到精准分类的目标，根据业务流程再造理论，应该对垃圾分类的全过程进行流程分解，将居民的垃圾分类过程分解成一个个小的具体行为片段，同时在流程分解的基础上对每个环节进行评估，分析每个片段过程中可能存在的痛点，最终运用相关管理工具对痛点进行解决。在本案例中，宁波市在餐厨垃圾处理的过程中，便发现了存在的痛点，通过增加二次分拣来保证餐厨垃圾的精准分类，看似无奈之举，却是目前不可或缺的关键步骤。

其次，建立区域可再生循环体系，加速餐厨垃圾循环过程，分担集中餐厨垃圾处理压力。对于易于降解，对环境压力较小的餐厨垃圾可以采用分散处理的方式，以一定的社区容量建立餐厨垃圾降解回收站，通过无害化降解手段，将餐厨垃圾转化为有机肥料和沼气等能源，为所在区域提供更加可持续的资源和能源，节约并降低对化石能源的使用。另外，更为重要的是通过分散处理的方式能够有效地缓解城市总垃圾处理压力。最终实现不同垃圾类型差异化，分散化和专业化处理的目的。

八、垃圾分类，城里怎么赶上村里

关键词：分类标准；全流程管理；垃圾转化

案例全文

有人说，世界上最遥远的距离，莫过于从"想到"到"得到"，因为它们中间隔着"做到"。

"垃圾分类"这个词汇进入中国居民的生活已近20年。世纪之交，北京、上海、杭州等8个城市成为全国第一批垃圾分类处理试点城市，但总体而言，垃圾分类有倡议、缺标准，有试点、少管理，进展迟缓。

垃圾分类到底怎么做到？一项在浙江农村率先开始的"垃圾革命"，让人眼前一亮。2016年12月，中央财经领导小组第十四次会议听取浙江关于普遍推行垃圾分类制度等的汇报，垃圾分类的"浙江经验"开始在全国推广。

可以说，浙江的垃圾分类，开始于城市，标杆在农村。2017年政府工作报告提出"加强城乡环境综合整治，普遍推行垃圾分类制度"；在全国"两会"中，有6份来自浙江的建议、提案和"垃圾分类"有关。代表委员纷纷支招：在处理垃圾这一世界难题中，城里该向村里学点什么？

分类标准怎么不困惑

一直以来，很多地方将垃圾分类简单等同于设置一个写着"可回收""不可回收"的垃圾桶，至于何为可回收物、何为不可回收物，没有统一标准，一旦标准模糊，老百姓便会手足无措。

来自金华的全国人大代表黄锦朝和方青，分享了金华农村的经验：在金华，农户先把垃圾分为"会烂"和"不会烂"两种，会烂的垃圾就地进入阳光堆肥房，"不会烂"的或由再生资源公司回收，或由县（市、区）统一处理，这个"土"方法得到住建部的推广。

截至2017年3月，这套模式已实践了3年，并在金华100%的乡镇、98%的行政村推开，每年可减少66万吨垃圾，节约清运和处理费用约2亿元。浙江省林业和草原局吴鸿评价：这是农民可接受、财力可承受、面上可推广、长期可持续的农村垃圾分类"金华经验"，切实破解"垃圾围城"困局。

不过，城市的垃圾相比农村更复杂，垃圾分类怎么严守第一道关？方青认为，最重要的是要在全国推行一个相对统一的标准。她每到一个城市，都会细心留意一下当地对垃圾的分法，发现标准五花八门：有的分"可回收""不可回收"两类，有的分"干垃圾""湿垃圾"两类，有的分"干垃圾""湿垃圾""玻璃""旧衣物""有害垃圾"五类，也有的地方出现九类分法。

"这些不同的分类标准给居民造成概念上的混淆、操作上的困惑，从而导致城市垃圾分类积极性降低，垃圾分类效率不高。"方青建议，住建部根据垃圾"终端"处理方式为依据重新制定分类标准，确定通俗易懂的分类名称，并在全国统一推行使用标准和名称。

方青认为，垃圾分类的作用是适合于"终端"处理，因此，垃圾分类应当以"终端"处理方式作为基本依据。被资源再生公司回收、被专业公司销毁、被有机肥料厂发酵堆肥、被热电厂焚烧、被垃圾场填埋地下是目前垃圾的 5 个"去处"，在这个基础上配套推出用于"普及"的名称，以利于全民推广。

前端末端怎么全流程

人们常常会质疑：明明垃圾桶区分"可回收物""不可回收物"，不过里面却连在一起；在有的地方，分好类的垃圾一上车又混同了。前端垃圾倒是做好了分类，末端却是一勺乱烩，谁愿意费时费力多此一举？

黄锦朝表示，在金华农村，这个难题的解答就是"二次四分"法：农户进行垃圾分类后，分别投放到政府配发的"两格"式标准化垃圾桶；再由村保洁员每天上门收集，在检查纠正农户一次分类的基础上，"会烂"的就地进入阳光堆肥房堆肥处理，"不会烂"的进行二次分类，分拣出"好卖"和"不好卖"两类。"好卖"的由再生资源利用公司上门有偿回收，"不好卖"的送垃圾填埋场集中统一处理。

不过城市垃圾数量比农村大得多，这样细致的流程目前可能还很难做到。生活在杭州的全国人大代表许婷就发现，城市环卫部门主要负责将垃圾从社区运送到垃圾处理站，在此过程中垃圾分类回收的程度并不高，而且回收市场秩序较为混乱，缺乏相应的行业和技术标准；另外，垃圾运输体系与末端处理处置设施、资源再生企业尚未形成产业链。

为此，她建议一方面要做"减法"，控制垃圾源头，实行垃圾实名制，垃圾按量收费制度，按照"谁产生，谁负责"的原则，改变目前以户收取垃圾费的做法，建立以量收费制度，通过经济手段促进垃圾分类；另一方面要做"加法"，逐步完善细化垃圾分类的相关法律法规，对一些不配合垃圾分类的单位和个人进行惩罚，加大惩治力度，用法律来约束行为，做到真正意义上的环境执法。

同时，垃圾分类涉及多个部门，代表委员们建议还要做好"乘法"，建立由政府牵头的垃圾分类办公室，负责垃圾分类工作的宣传、督促、监管、奖惩等工作，健全以分类办公室为主导，社区、住宅小区、环卫部门、固废中心等组成的垃圾分类体系，形成合力。

垃圾资源怎么巧转化

据 2016 年 11 月 22 日原环保部发布的《2016 年全国大、中城市固体废物污染环境防治年报》显示，我国全年城市生活垃圾量约为 1.85 亿吨，并以每年 8% 左右的速度递增。

都说垃圾只是放错了地方的资源，难就难在将其顺利归位。健全再生资源回收利用网络，加强生活垃圾分类回收与再生资源回收的衔接，非一方力量能及。如何实现"让专业的人做专业的事"，政府不再完全包揽，分类力量下沉，专业企业有利可得？

来自台州的全国人大代表薛少仙说，台州农村开展了农村生活垃圾分类减量化、资源化、无害化处理试点工作，改革农村生活垃圾传统处理方式。农户将垃圾简单分为可腐烂垃圾和不可腐烂垃圾，其中可腐烂垃圾通过微生物发酵资源化处置，或是太阳能普通堆肥处置实现资源化，就地沤肥返田。

可是，城市并没有太多的空间实行"沤肥返田"这样循环利用方式，垃圾怎么变资源？

全国人大代表车晓端注意到，在 2017 年浙江省政府工作报告中，办好民生实事的第二项就是垃圾处理，"各级政府部门已经注意到了垃圾的问题，但在如何垃圾处理的工艺上还迫切需要提高技术水平"。

薛少仙认为，垃圾资源化是一个大产业，要及时制定垃圾分类相关企业的扶持政策，逐步培育形成垃圾分类产业链，不断完善壮大垃圾分类产业，支持、鼓励企业参与垃圾直运、垃圾处理整个流程，使垃圾分类回收利用工作良性循环。

车晓端收集了不少垃圾资源化的各国案例，建议在国家层面加强顶层设计，积极规划垃圾的环境治理和垃圾处理的工艺提升，同时要加快自主研发的步伐，鼓励专家联手、区域联动，借鉴先进技术和探索实践的经验，加快研发适合我国实际、科学合理的垃圾处理方式。

"可以选择合适的地方进行代表性试点，在试点区域率先研发应用科学的垃圾处理工艺，或者在试点区域率先引进应用先进的垃圾处理工艺，适当时再进行推广。这样做，可以减少各地重复研发、重复探索、重复投入。"车晓端说。

资料来源：裘一佼：《垃圾分类，城里怎么赶上村里》，《浙江日报》2017年3月15日，第6版。

经验借鉴

在绿色管理过程中，对于居民的态度与行为之间的差异一直以来都是一个重要的研究问题，即本案例中的"想到"和"得到"之间的关系。近些年来，对于垃圾分类的标准和方法，从国家层面到各级政府层面都进行了很多卓有成效的改革。这也使态度和行为之间的差距这一问题逐渐有了新的解决办法。分析浙江经验，可以得出如下几个方面的建议。

首先，分类标准应通俗易懂。传统的分类方法多使用不可回收和可回收两种不同的分类，近些年来国家和各省级政府将垃圾分类的类型进行了进一步的深化和明晰，然而现实中仍存在很多难以理解的问题，比如对于湿垃圾和干垃圾的分类方法，就让很多居民难以理解和区分，这无形中也给垃圾分类问题带来了不小的难度。如何让垃圾分类标准更为具体和让居民更加容易理解，是垃圾分类过程中面临的一个始终存在且需要不断改进的关键问题。

其次，垃圾分类过程中的深化设计。金华所采用的"二次四分"法，与近年来部分地区提出的用猪分类法有异曲同工之妙，一方面能够让居民深入浅出地理解垃圾分类的基本原则，同时也对垃圾分类的流程进行了更加深入的探讨和设计，这也有助于垃圾分类更加彻底，从而提升分类效率。

最后，推进垃圾分类专业化和产业化改革。很多人将垃圾分类视为一个负担，认为是政府必须承担的社会服务职能之一。如果将垃圾分类进行市场化运营，不仅是将最灵活的生产要素引入该领域，有利于相关产业的科技革新和快速发展，同时还能够有效地提升垃圾分类的效率，最为关键的是将政府职能逐渐从中剥离出去，实现政府资源集约化，行政从管理执行到管理监督转化。但是必须要说明的是，政府职能在转变的同时还必须给市场和企业的行为划出应有的红线，规范市场在垃圾分类产业中一些降低公共福祉的行为，从而使垃圾分类管理得到有效的保障，市场和企业的行为得到有效的监督。

九、生态之城下篇：生态杭州建设惠及市民群众生活

关键词：生态城市；城市竞争力；河道治理；生态和谐

 案例全文

"江南忆，最忆是杭州"，白居易曾如此赞颂杭州的魅力。2007 年，《瞭望东方周刊》在全国第一次推出关于幸福感的城市推选活动时，杭州名列第一。在当时杭州获奖项目揭晓时，电影艺术家王晓棠曾这样点评："人们不分老中青幼，彼此体贴互助，他们关爱这个城市的一草一木，关注它的环保胜过自己的家……"

2011 年 5 月，中国社会科学院公布了《城市竞争力蓝皮书》，在 2010 年前十名最具竞争力的城市中，杭州排名第十。而在生态环境竞争力这一指标上，杭州表现尤为突出，仅次于香港特区，排名第二。

中共杭州市委于 2011 年 1 月出台的《关于推进生态型城市建设的若干意见》中明确指出——"良好的生态环境，是杭州最具魅力、最富竞争力的独特优势和战略资源"。全市上下深入推进生态型城市建设，"生态"二字已经实实在在地融进了广大市民群众的生活。

垃圾分类革命"自然成长"

上城区湖滨街道在实名制基础上，以家庭为单位建立"绿色账户"，向每户家庭发放"绿色存折"，账户上记录该家庭参与垃圾分类的具体情况和获得

的奖励积分信息，积分到一定数量后，就能得到街道给予的奖励；拱墅区和睦院小区对每月评选出来的垃圾分类十佳优胜户，张贴红榜，上门送喜报与纪念品……

2010年3月，杭州开始在小区内推行垃圾分类；2011年5月，市妇联启动了"家庭生活垃圾分类三年行动计划"，以家庭为基本单位，发动居民参与垃圾分类行动。许多家庭参与垃圾分类，在破解"垃圾围城"方面发挥了重要作用。

市妇联组织充分利用小区网络平台、宣传橱窗、入户分发宣传资料与倡议书，开展"小手拉大手"教育活动等多种形式，大力宣传生活垃圾分类收集、投放。通过举办针对家庭成员、家庭志愿者的"一区一课"垃圾分类知识培训班，设立垃圾分类网上课堂，提高垃圾分类知识的普及率。并通过"五好文明家庭"代表向全市家庭发出倡议，倡议减少一次性文具、日用品消耗，减少消费过度性包装产品，提倡使用垃圾粉碎机，进一步促使垃圾减量。

各小区也纷纷设计活动与形式，让垃圾分类深入人心。比如，上城区的羊血弄小区建造了全市首个"会说话垃圾桶"和"垃圾分类收集站"，通过太阳能红外语音系统进行宣传。西湖区新金都城市花园小区还设计了垃圾分类形象大使"大象分分"，安插在每组分类垃圾桶后，一只左耳代表厨房垃圾，右耳代表其他垃圾。

有的城区还推行了家庭生活垃圾分类实名制或实户制。在分发至每户家庭的生活垃圾袋上注明住户的单元楼门牌号，鼓励家庭成员自觉实行垃圾分类实名制。拱墅区和睦院小区在"实名制"的基础上，推出了"实户制"，将垃圾袋每月按不同颜色进行编号，再送入居民家中。

2011年4月初，杭州还开通了首条生活垃圾处理体验线，供市民参观线路包括垃圾收集、清洁直运、循环利用及生态恢复的整个流程。这条旅游线路受到市民的热烈欢迎。

杭州还积极构建推进家庭生活垃圾分类的长效管理机制。2011年，杭州36万多户家庭的生活垃圾分类准确率达到了71.1%，投放准确率为74.4%。

河道更生态、更休闲、更文化

说起杭州近年来在生态建设上的成就，相当一部分市民脱口而出的已不再是"西湖西进"和西溪湿地两个大型生态工程，而是在自家门口的河道整治。家住东河畔的傅阿姨，就特别对家门口这条河的变化感到骄傲。

十年前，围绕杭州市委、市政府打造"国内最清洁城市"和"清洁、清静、亲水、绿色、无视觉污染""5A级景观河道"的要求，市城管办坚持"以人为本、生态优先、人水和谐"的管理理念，建立健全河道监管工作机制，制定河道管理标准规范，探索河道长效管理办法，抓好市区河道建管对接，扎实推进河道清淤、配水清流、生态治理、河道保洁等工程，有400多条河道纳入长效管理，河道水质有了一定的好转，河道两岸成为市民休闲的好去处。

作为杭州两条最为重要的内河，中河、东河均位于城区中心地带，千百年来，自南向北，穿城而过。由于中、东河沿线有很多生活水管和暗管，污水随意排放，两条河流曾一度是劣Ⅴ类水质。2006年底，杭州市区河道综保工程全面展开，并在岸边栽种上了雏菊、蒲苇、美人蕉等亲水植物。"两条河和庆春路、凤起路等主要干道相交叉，河上的游步道没有全线贯通，沿着河边散步，市民需要不断地从河边走上马路，穿过车流后再返回河边，既不方便也不安全。"为此，技术人员对中河、东河全长11公里的慢行系统重新规划设计，整个慢行系统设计有3个人行过街地道和5个栈桥。与此同时，还加宽了道路，并去除了台阶，骑着自行车甚至推着轮椅也能逛一圈。

2010年10月，中河与东河之间11公里的游步道全线贯通，市民可以沿着游步道一直赏景到京杭大运河。"中河与东河是杭州历史沉淀中最为精华的部分，在沿岸设立展示历史文化的浮雕等景观，就显得非常有意义。杭州的河道整治正朝着生态、休闲、文化等复合型方向发展。"浙江省社科院调研中心相关负责人曾表示。

工业园区与生态和谐共处

多年前，杭州经济技术开发区的人居环境还一直是个难题，今天，开发区绿树成荫，沿江一带更是郁郁葱葱。如何让"新城"与工业园区和谐相处，是杭州市环保部门这些年一直在思考的问题。得益于环境的改善，2011年，杭州经济技术开发区（以下简称开发区）国家级生态工业示范园规划在北京通过国家原环保部、商务部、科技部的论证，成为浙江省乃至华东地区少有的国家级生态工业园区。

开发区的废气投诉是环保热点和难点，虽然居民反映较大的污染源废气浓度已大大低于国家标准，但在不利风向时气味还是较重。于是，市原环保局引导、督促企业技术设备改造，加大投入处理废气，与企业一同寻求高新处理技术。

截至 2011 年底，近 40 家企业提升改造了工业废气处理设施，完成了杭江牛奶两台 4 吨燃煤锅炉的脱硫改造任务及 5 个加油站的油气回收整治任务，对废气污染投诉集中的企业，环保局找来专家到现场。香精香料公司实施的改造项目也在 2011 年 5 月 10 日完成改造，试运行阶段投诉就明显减少。

通过多项举措并举，开发区正在变成一座景色怡人的花园式生态型副城。联发纤维是开发区里最有环保代表性的企业之一。联发厂区绿树成荫，鲜花满地，入驻开发区以来，联发纤维一直在厂区内植树造绿，现在的工厂听得到风声，听不到机器声，像是一座"花园工厂"。杭州横滨轮胎有限公司从 2008 年开始"千年林"计划，将在厂区种满 10 万株树，将厂区变成一座小小的人工植物园，这对一家原本属于重点污染企业的轮胎厂来说，企业小环境、开发区大环境的改变显而易见。

3 年内种植 2 万棵大树。2011 年末，开发区已累计建成区绿化面积 1240.5 万平方米，其中公共绿地 587 万平方米，绿化覆盖率达 38.5%，还有 8 个公园，累计面积达 82.57 万平方米。未来还有更多的生态廊道、湿地公园落成。

投资者被吸引而来。截至 2011 年底，开发区拥有市级以上高新技术企业 200 家，各类研发中心（技术中心）93 家。越来越多的生物医药、服务外包、汽车产业、文化创意产业把目光聚焦到了这个财富的聚宝盆。

资料来源：王夏斐：《生态之城下篇：生态杭州建设惠及市民群众生活》，《杭州日报》2011 年 12 月 17 日，第 1 版。

 经验借鉴

让市民切切实实感受到环境保护和垃圾分类所带来的"获得感"，是杭州建立"中国最具幸福感城市"和"中国最具竞争力城市"的一个重要指导方针。本案例可以说是对该指导方针的最佳实践诠释。分析其经验，有如下几个方面：

首先，设计整体规划，以日常生活为抓手，逐步推进垃圾分类工作。在本案例中，我们可以看出城市垃圾分类管理是一个系统的工程，在具体的管理过程中必须要有整体的规划，在总体规划的基础上，设立不同阶段的分目标与详尽的实施策略。特别值得需要重视的是，在推进过程中，所使用的政策抓手必须与居民生活日常息息相关，从而方能冲破居民态度与行为之间的桎梏。

其次，结合城市特点，在规划中以河道、区域功能布局为垃圾分类的重点。在进行垃圾处理整体规划和执行的过程中，不能墨守成规，而要因地制宜地根据城市的功能区域特点进行有效的设计和布局，从而找到居民生活中较为关心的区域，在具有代表性的区域进行垃圾治理和环境改善，让居民看到由于垃圾治理而带来的环境优化，进而增强居民对于垃圾分类治理的认识和接受程度，为更加深入地推进垃圾治理提供一个非常重要的基础保障。

最后，努力平衡生态发展与经济发展之间的关系。在以往传统的认知里，生态发展和经济发展两者之间是矛盾的，要想发展经济必须是要以牺牲生态为代价。这也与当时所一直所倡导的高耗能、大批量的生产方式是一致的。然而随着习近平总书记"绿水青山就是金山银山"发展理论的提出，从思维上打破了旧有认知之间的不足，让我们知道可以运用生产方式的结构性变革，将生态发展与经济发展进行有机的结合，而不是传统的此消彼长的生产关系，实现生态发展与经济发展互动发展的"双赢"格局。在城市垃圾处理过程中，我们同样应将生态环境发展与经济发展格局两者相匹配，将生态发展理念嵌入经济发展的规划和执行之中，在发展经济的时候，同时要保护生态环境，让荒山死水变成绿水青山，让绿水青山变成金山银山。

第二篇

农村垃圾分类管理

一、垃圾分类，习惯成自然

关键词：浙江；垃圾分类；环保革命

 案例全文

走在桐庐的各个村庄里，你会发现家家户户门前都会有两个颜色不一的垃圾桶。这是分类垃圾桶，会腐烂的剩饭剩菜倒进蓝色的桶里，不会腐烂的则扔进黄色的桶里。

桐庐县自 2012 年起就掀起了这场农村的"环保革命"。最美县城的建设，自然也是少不了这些垃圾桶以及为此努力的每个人。而正是这些努力，才能真正实现农村人居环境的改善，让农村成为安居乐业的美丽家园。

农村垃圾哪里去？垃圾分类破困局

每一天，我们生活的城市乡村都在生产垃圾。2015 年，桐庐县的垃圾无害化处置工程处置能力为 500 吨／天，如果不予以分类，每天约有近 400 吨的混置垃圾运至垃圾无害化处置工程予以高温焚烧。全县垃圾每年垃圾量增长速度约 10%。于是，这就给管理者提出了一道民生考题：生活垃圾与日俱增，大量农村垃圾往哪里去？

为破解"垃圾围城"的困局，2012 年起，桐庐县以农村为突破口，开展垃圾分类减量的探索。"首先选择农村作为垃圾分类的试点，是因为农村原本就有垃圾堆肥的传统。"桐君街道相关负责人解释道,"这样做不仅可以让垃圾就地堆肥、就近还田,而且可以节省大量运输、处理费用,综合效益比城市更明显"。

经过几年的努力,截至 2015 年 10 月,垃圾分类已经在桐庐 183 个行政村实施,全县 11 万户共 32.3 万农村人口参与垃圾分类。县城垃圾焚烧厂每日也减少无害化焚烧量约 70 吨,有效缓解了县城无害化处置压力,可年生产"世外桃源"牌垃圾有机肥约 5000 吨,年产效益约 600 万元以上,实现了"垃圾减量"与"变废为宝"的"双赢"。桐庐逐步走出了一条以垃圾分类减量与资源化利用为主的农村人居环境治理的新路子。

垃圾分类好,村子干净又整洁

桐君街道共有 6 个行政村,农村总户籍人口 11005 人,在册户数 3983 户,配备保洁员 53 人,垃圾分类收集员 38 人,建有 3 座垃圾资源化利用站(阆苑、麻蓬、濮家庄)。桐君街道已在 6 个行政村全面实施垃圾分类收集工作。无论何时走进村庄,你都会看见干干净净的街道和院落。垃圾都被分好类放置在垃圾桶中。

面对如此的变化,桐君街道相关工作人员表示:"过去,村民们都把垃圾随处乱扔。自家的房前屋后也会堆积起来。夏天时节,蚊虫乱飞。这样既对村庄环境有所破坏,还有利于传染病的传播,对村民的身体健康造成影响。"

然而,当每家每户都发了两个带编号的分类垃圾桶,生活垃圾就可以按照可堆肥垃圾和不可堆肥垃圾分类,由收集员上门收可堆肥(可腐烂)桶里的垃圾,统一收集后的可堆肥垃圾运至村资源化处理站去处理变成有机肥。

住在麻蓬村的张阿姨说:"以前村子里可没有这么干净。自从有了分类垃圾桶后,经过干部们耐心地指导,现在情况好多了,大家都会自觉进行垃圾分类,不太会乱扔垃圾。毕竟路上干干净净的,你也不好意思把垃圾随手扔在地上。"

分类小诀窍:看垃圾"会不会烂"

村民们第一次进行垃圾分类,可怎么分却是一门技术活。

在实践中，桐君街道相关工作人员总结了一套做法："要用最简单易记的方式告诉他们，剩菜剩饭、菜叶果皮、食物残渣碎末等'会烂的'能堆肥，塑料、棉麻织物等'不会烂'的不能堆肥。会烂的，扔到蓝色的桶里；不会烂的，扔到黄色的桶里。"只要这样讲，大部分农民都能听得懂记得住。

负责阆苑村垃圾分类的干部说道："我们经常挨家挨户地走访村民家，对他们讲解垃圾分类的相关知识。有不理解的村民，我们不厌其烦地跟他们讲述。"

为提高村民参与垃圾分类的积极性，麻蓬村还精心制作了 7 块垃圾分类、庭院整治公示栏，党员、组长、村民代表亮明身份，发挥党员干部的示范带头作用。以户为单元，每天检查，用红、蓝、黑三种标识在公示栏进行评比，通过红红脸、出出汗的形式，引导全体村民参与到"垃圾分类我的责任"的良好氛围中来。2015 年 8 月，麻蓬村申报创建"无保洁员村"。

垃圾分类新措施　网格管理责任细

桐君街道从人员配备、工作机制上建成了农村生活垃圾分类投放、收集、运输及处置的管理和运行体系。各村垃圾桶已分类编号并发放到户，收集人员落实到位。农户对垃圾分类有一定的知晓率，大部分都能做到垃圾分类处理。为进一步提升垃圾分类知晓率、收集率及正确投放率，夯实垃圾分类的基础。为此，桐君街道创新做法，从源头上切实抓好垃圾分类工作。

桐君街道以浮桥埠村为试点率先采用市场化运作模式，将村内卫生保洁、垃圾分类两项工作向社会进行招标，保洁薪资直接与保洁效果挂钩，实行保洁绩效考核。通过为期 3 个月的运行，村内环境卫生面貌有了明显提升，垃圾分类投放正确率达到 90% 以上，整体运行效果良好。

桐君街道还实施了网格化管理。将农村片 6 个村细划为 38 个网格，落实76 名街道干部为网格责任人，要求每周一天到网格内指导农户开展垃圾分类工作。同时还将所有网格干部的名字输入电脑系统，每月例会之际，街道主要领导采用滚动式方法随机抽查，抽查到的网格干部对网格内的农户数、垃圾收集率、投放正确率情况做测试问答。对测试不合格的干部，要求其隔日重新接受测试，再次测试不合格的，对其进行通报批评。

不仅如此，街道清洁办每周开展一次垃圾分类督察，每个村随机抽查 20

个小垃圾桶，10 个大垃圾桶，计算出各村垃圾分类投放正确率，从而在全街道进行排名，并将督察结果及时以通报的形式反馈至联村领导、驻村干部、各行政村主要负责人，要求限期整改。

日本用了 27 年才培养全民自觉进行垃圾分类的素养，德国的垃圾分类工作也开展了近 40 年，才最终走在世界前列。中国已然也慢慢走上垃圾分类的道路，也许 20 多年，也许 40 多年，也许更久，但我们只要每个人耐心将自己的垃圾分类变成习惯，不管多久，垃圾分类也会成为中国人的全民素养。

资料来源：陈琪、季英、应兆丹：《垃圾分类，习惯成自然》，《钱江晚报》2015 年 10 月 23 日，第 M0007 版。

 经验借鉴

桐庐的垃圾分类管理由来已久，且始终在探索和创新。习惯成自然成为桐庐垃圾分类管理的最终目标和方法的最好诠释。

首先，明晰现状和趋势，开源节流提升效率。在管理上桐庐市对于垃圾处理的现有情况具有很好的把控，同时根据现有情况和增长率，估算出本地区的垃圾处理能力的上限阈值。在了解到自身上限阈值的基础上，通过开源节流的方式推动垃圾分类处理工作，进而提升自身总体的垃圾处理能力和处理效率。

其次，改变思维使垃圾变废为宝。通过对相关产业进行商业化运作，使部分垃圾经过无害化运作后成为商品，不仅提升了垃圾产品的多次循环利用率，还实现了经济利益和生态利益的共同发展。不仅如此，在垃圾分类与日常保洁过程中桐庐市试点引入社会和商业资本，将传统意义上的公共卫生管理职能进行商业化变革，将公共卫生管理变革为公共卫生监督，一方面切实提升了卫生环境的执行情况，另一方面也提升了自身职能的转换，将执行职责逐渐从自身剥离出去，更好地进行裁判工作。

再次，注重管理方式的改变，从细节处进行精细化管理。通过垃圾箱设计，干湿分类等方法降低村民垃圾分类的难度，提升了垃圾分类的精准度和效率。

最后，采用网格化管理，使垃圾分类管理在有顶层设计的基础上，实现落地化，保证了垃圾分类管理的最终可行性。

二、垃圾分类重塑金华乡村

关键词：政府；垃圾分类长效化管理；设立法案；垃圾分类

 案例全文

垃圾分类，实惠农民

都说，垃圾是人类的另一部历史，垃圾处理也总是考量着人类的智慧。办法总比困难多。几年前，金华因垃圾围城之忧，开展农村生活垃圾分类减量资源化试点工作。

澧浦镇琐园村就是试点村。古稀之年的杨奶奶坐在自家的厅堂里，悠闲地摇着蒲扇。她摆了个玩具小摊，日盈利有五六十元，生活很惬意。"都是托了垃圾分类的福。"杨奶奶说，这个厅堂原来有六七个废猪栏、四五个鸡舍，又臭又脏。当时，镇干部来推行垃圾分类，杨奶奶没当回事。"镇干部还说，按什么可回收、不可回收分。农民哪有垃圾不可回收的，鸡粪还能当肥料呢。"杨奶奶回忆说，刚开始村民们都没听懂垃圾分类的标准，好不容易说通了，镇干部就被大家"嘲笑"了，这不就是"能不能堆肥、会不会烂"吗？

从此，会烂、不会烂就成了金东人的垃圾分类法。杨奶奶不识字，村干部就教她认颜色，绿色桶装会烂垃圾，灰色桶装不会烂的。"刚开始，村里有围裙、肥皂送，我是跟着分的。分着分着，就习惯了，没东西送也分。"杨奶奶咧着嘴笑道。

现在的琐园村早已不是当初的模样。利用村里庞大的、原本搭满猪栏鸡舍的明清古建筑群，该村发展起了旅游业，现已是国家 AAA 级旅游景区，日均接待游客三四百人次。

离琐园村不远的六角塘村，垃圾分拣员周建秋一来，气氛就活跃起来了。村民们七嘴八舌地问，谁家垃圾分得最好？谁家垃圾桶最干净？"现在村里都有了新'相亲大法'了，这户人家做亲家怎么样，看看家门口的垃圾桶干不干净，垃圾分得好不好。"周建秋解释道。

垃圾分拣员的职责，就是给每户人家倒垃圾，并在农户会烂、不会烂分类的基础上，把不会烂的分拣成好卖、不好卖的。"会烂的送到太阳能堆肥房堆肥，好卖的拿去卖，不好卖的送垃圾填埋场。农户分完，我再分，这叫垃圾的'二次四分法'。"周建秋说。

天天与家家户户的垃圾接触，村里又有"以垃圾论婚嫁"的新习俗，所以周建秋"很吃香"，村民爱围着她聊天，掌握第一手信息。

农村的这一新习俗，让金东区农办工作人员王瑞良很开心。他曾是澧浦镇分管垃圾分类的镇干部。他常说，从随手扔到随手分，看似一字之差，却是千年一变。而这千年一变，也确确实实给农村带来了好处。

点上开花易，面上推广难

众所周知，农村工作推广最难。金华4472个村，基本上村村开展垃圾分类，着实令人惊叹。

"其实就是不停试验、不断总结，再拿出好的办法推广，耐心纠正各种反复。"金华市农办副主任郑俊杰说，在试点之初，他们就坚持"农民可接受、财力可承受、面上可推广、长期可持续"的原则。

在郑俊杰的办公桌上，有一本《农村生活垃圾分类管理规范》的白色小册子。他介绍，这是全国首个垃圾分类地方标准，由金华市农办提出，金东区农办、金东区质监局、浙江大学、中国计量大学联合起草，2016年底金华市质监局正式发布。

这本仅18页的小册子，可学习、可操作性极强，从垃圾车设计、垃圾桶大小到太阳能堆房建造，应有尽有，图文并茂。再加上金华市农办此前出台的《农村生活垃圾分类指导手册》以及《农村生活垃圾分类收集和处理合格村验收标准与规程》，即便是一个垃圾分类新手，都能很快上手，在村庄里实施垃圾分类。

兰溪市东山项村就是这么学起来的。这个2017年初才开始垃圾分类的村子，短短数月就成为兰溪市垃圾分类优秀村。村支书项宝其把白色小册子当宝贝，"想要有后发优势，就要学会站在巨人的肩膀上，站得更高，才能看得更远，做得更好"。

东山项村是金华市较晚实施垃圾分类的行政村，因此能将前面村庄探索的许多经验"为我所用"：制定网格化管理措施，把全村分成若干小组，再由党员、村民代表联系到户，这是金华较为通用的"党建+"做法；以垃圾分类为抓手，打造东山项为项羽最大后裔旅游村……这些都是早有成功先例的。

不过，东山项村两委也贡献了自己的智慧：深化了垃圾分类"荣辱榜"，设立了村垃圾考核组，对家家户户每月垃圾分类情况进行考核，还每月一公布。

为实现垃圾分类长效化管理，2017年金华市农办又在全市农村推行太阳能垃圾房"房长制"，要求每个有太阳能堆肥房的村子都张贴"房长公示牌"，公示房长的电话、职责。

东山项村的"房长"项宝其早早就挂牌"上岗"了。他除了要检查阳光房卫生是否整洁有序、检查垃圾分拣员分类效果、登记垃圾清运情况外，还要确保阳光房配套设施定期维护和安全生产。"这个垃圾清运记录本就是个证据本，通过记录我们村运出去垃圾的多少，就能倒查我们村垃圾分类彻不彻底，很有'威力'。而我拿着这个记录本，也能时时监督垃圾分拣员的工作，倒逼分拣员督促农户做好分类。"项宝其说。

为了保障垃圾分类长效运行，金华市人大常委会早在2015年底，就将农村生活垃圾分类减量处理作为立法调研课题，由市农办成立调研组负责研究。

绿色生活，重塑乡村

自2017年以来，一项名为"生态洗衣房"的便民设施风靡金华，由兰溪和浦江不约而同先试先行，并逐步在金华农村生根发芽，截至同年9月，全市29个村的50个生态洗衣房已投入使用，另有109个村的127个生态洗衣房正在建设中。

所谓"生态洗衣房"，其实就是村集体洗衣房。塘边洗衣是农村的一个传统，而如今的金华农村，连池塘都舍不得洗衣服了。黄店村是金华最早建生态洗衣房的村，一位村干部说，洗涤剂洗衣产生的污水，会提升池塘水质总磷的含量，导致水中微生物出现异常、水体污染。

垃圾分类"点化"了金华农村。村干净了，水要干净；水干净了，家要干净。走进游埠镇范院坞村村委会主任孙素玲家里，房前屋后看不见一点垃圾，庭院物品堆放得整整齐齐，随处可见的是精心打理过的果树、观赏性花木、盆栽盆景，尽显主人的用心。自 2017 年 4 月起，游埠镇为了巩固垃圾分类成果，在全镇范围内开展了"洁美家庭户"评比活动。评选标准从坏境卫生、庭院摆放和绿化程度都做了详尽规定。

在孙素玲的带领下，11 名巾帼志愿者不定期走家串户，从环境卫生、庭院摆放和绿化程度等方面进行打分。"我家还不是做得最好的。大家都养成习惯了，家里乱糟糟的，总感觉不舒服。"孙素玲说。

家干净了，生产方式也要干净。

兰溪市赤溪街道常满塘村，千亩荷塘随风摇曳。2017 年 7 月 31 日，为期 3 天的兰溪第二届荷花节在这里开幕，吸引了一大拨慕名而来的游客。尽管忙碌，村民杨洪奎心里却乐开了花。每个莲蓬 2 元，他一天就卖掉 2000 个左右，还要给上海市场发货 3000 多个。他家雇了十个工人，都来不及采摘。

"我以前是养珍珠的，污染环境，也没挣到多少钱。现在种荷花，保护了环境，钱也挣得多了。"这个养了半辈子珍珠的农民，终于收获了大自然的慷慨回馈。杨洪奎只是常满塘村 2000 多亩荷花种植户的一个缩影。

垃圾分类的绿色生活，正在重塑金华农村。

资料来源：徐晓恩、徐贤飞、傅颖杰、何贤君：《垃圾分类重塑金华乡村》，《浙江日报》2017 年 9 月 15 日，第 00004 版。

 经验借鉴

"破山中贼易，破心中贼难"。垃圾分类和回收问题就好像那山中之贼，通过短时间的治理，可能会产生效果，但是如果心中没有长效的垃圾处理机制下居民的主动垃圾处理意识，那么效果只能是短时间的，而无法达到长效治理的核心管理目的。金华乡村的做法为我们如何"破心中贼"给予了一些心得和启发。

首先，明确垃圾分类为了谁？金华市在垃圾分类过程中向居民传达的一个关键问题是垃圾分类为了谁？不是为了政府的政绩，不是为了经济效应，而是为了老百姓能够有一个好的生活环境，通过垃圾分类和治理让老百姓切实地体会到环境改善和垃圾回收处理所带来的益处。让老百姓从"由洁入污易，由污入洁难"成功过渡到"由污入洁难，由洁入污更难"的良性循环之中。

其次，在垃圾分类管理的具体做法上，因地制宜，不停试验、不断总结，再拿出好的办法推广，耐心纠正各种反复。结合实际情况，切实做到"农民可接受、财力可承受、面上可推广、长期可持续"。这让金东地区的垃圾分类管理和执行更加接地气，效果也更加显著。

最后，以"房长制"为纽带，梳理标杆生产模式，改变居民生活方式。通过"房长制"，让垃圾有人管理，同时通过授予其对应的权利和责任，增强其基层管理能力。而通过"生态洗衣店"等新的商业模式，不仅帮助金华市树立了生态环保的标杆，同时也潜移默化地改变了村民传统的生活方式。

三、准确分拣　完善设施　确保长效　农村垃圾分类迈向精细化

关键词：政府；垃圾分类；精分；共建共享；提升能力

 案例全文

2017 年，浙江省地方标准《农村生活垃圾分类管理规范》形成征求意见稿，意味着浙江省农村垃圾分类由粗分向精分转变，推动垃圾分类处置迈向精细化。

浙江探索城乡生活垃圾分类工作起步较早。2003 年，"千村示范、万村整治"揭开美丽乡村建设的序幕。2014 年以来，浙江省开展试点推进农村生活垃圾减量化资源化分类处理。截至 2017 年 3 月，垃圾集中有效处理基本实现建制村全覆盖，分类处理村达 4800 个，占建制村总数 17%。

推行农村生活垃圾分类化、减量化、资源化、无害化处理，是大力建设具有诗画江南韵味美丽城乡的题中要义。对照高水平建设生态文明，推动形成绿色发展方式和生活方式，浙江省农村垃圾分类处理还存在哪些"短板"？各地如何探索实践？

怎样分得更好?

每天早上，三门县健跳镇盖门塘村 70 岁老人叶杏玉，都会将厨余垃圾扔进家门口的"可腐烂"垃圾桶。"垃圾分类我们做了大半年，很简单，会烂的投入绿桶、不会烂的投入灰桶。"叶杏玉说。

通过三年的农村垃圾分类实践，浙江省各地农村呈现出不同的分类模式：可回收、不可回收；可腐烂、不可腐烂；可堆肥、不可堆肥；可发酵、不可发酵；可燃烧、不可燃烧等。这些分类方式虽然不是很准确，却通俗易懂，在垃圾分类推广初期十分实用。

但是，随着垃圾分类工作的推进，简单的分类方式遇到了新问题。有的地方，村民垃圾分类比较随意，准确性不高；有的地方，村内保洁员专业化不够，二次分类并没有进行有效分拣。

"作为垃圾处理的源头，垃圾分类是有效实现减量化、资源化、无害化处理的前提。"省农办社会发展处相关负责人介绍，细化垃圾分类类别、品种、投放、收集、运输、处置的标准化规范势在必行。

本着农民可接受，操作更容易的原则，《农村生活垃圾分类管理规范》的征求意见稿规定了"分类投放、分类收集、分类运输和分类处理"的农村生活垃圾"四分"要求，定点投放、定时收集、定车运输、定位处理的农村生活垃圾"四定"要求，并规范了省、市、县（市、区）、乡镇（街道）等各层级到农户的主要职责及操作实施。

征求意见稿中对分类要求进行了统一，有害垃圾、易腐垃圾、可回收垃圾和其他垃圾四类，所包含的内容十分具体，废电池、废水银温度计、笋壳、尿不湿等生活垃圾都被写入，今后村民和垃圾分拣员从粗分向精分转变，有了分类参考范本。

如何促进减量?

分类本身并不能消灭垃圾，分出的东西，在符合环保标准和产品质量要求的前提下得到利用，才算真正实现了减量化和资源化。

金华市金东区塘雅镇有一座新型堆肥房，每天能处理 3 吨以上垃圾，由八村联建，节约了 30% 的建设资金和 70% 的土地资源。"这种堆肥房采用浙江大学新研发的技术，垃圾堆肥周期从 6 个月缩短为 2 个月，达到无害化处理标准。"当地农办工作人员表示。

垃圾处理设施是垃圾资源化利用的重要载体。目前，浙江省农村生活垃圾分类减量处理资金缺口较大，尚未形成多元化投资机制，因此设施建设和资金投入存在"短板"。

有的自然村垃圾桶数量明显不足，垃圾分类转运和垃圾分类站房设置不够合理，不能做到垃圾分类日产、日清、日运；有的地方保洁员数量与担负的保洁任务不匹配，保洁人员未签订正式合同，薪酬待遇低，保洁经费没有及时拨付到村。

省农办曾经做过测算，推进一个省级农村生活垃圾分类减量处理试点村，需 60 万~120 万元。这其中包括垃圾分类桶、站房设施建设，快速成肥机器购买及保洁体系建设等。目前，省级安排购买机器设备的专项资金 30 万元，站房设施建设和用地等资金有不少缺口，设施维护也没有资金保障，导致垃圾分类、运输、处理标准不高。

为解决实际存在的困难，各地开始先行先试。2017 年，临安市有一半以上的乡镇（街道）不同程度引入市场化运作；江山市在全市 24 个行政村开展农村保洁资金自筹试点工作，逐步建立了以市和乡镇（街道）财政投入为主、村级集体经济为辅、农户自筹保洁资金为补充的农村保洁资金筹措机制……多元投资机制，解资金之渴，推进设施共建共享。

何以确保长效？

垃圾分类巩固难、易反复，会不会成为一阵风？这考验着乡村基层治理的能力和精神文明建设进程。

垃圾分类，是一个环环相扣的过程。既要在前端减少垃圾，实施垃圾分类，又要在末端进行有效处理，让垃圾最大限度资源化和无害化。其中，对垃圾分类的自觉、环境保护意识的提升，绿色生产生活方式的形成，是垃圾分类落实到人的关键。

安吉县报福镇上张村安装了垃圾分类智能回收平台，70 多岁的村民黄南芳办理了分类积分卡，将以前堆在房前屋后无法出售但又不舍得扔掉的废旧玻璃瓶、废旧电子产品等变成积分，并用积分兑换了奖品。

为了更好地促进老百姓的参与热情，各地广泛实施"积分兑换"工作法，并探索"智能化＋"技术。仙居县淡竹乡下叶村、三门县健跳镇盖门塘村等相继开发智慧垃圾分类系统，定制二维码垃圾桶，推行一户一码，根据农户分类情况，生成虚拟币，农户可使用虚拟币到兑换超市购买商品，"一周的积分就能换一个牙刷或者牙膏"。村民分类积极性得以提高。

除了正向激励，各地也探索设置"红黑榜""曝光台"等，倒逼村民自我管理、自我监督。相比城市，农村依然是熟人社会，奖惩机制行之有效。

东阳南马镇联合村苞竹自然村村民李跃花表示，"红黑榜"来自村干部的分片走访监督，他们常常翻看村民门口的垃圾桶，敦促农民进行垃圾分类，"村干部走得多了，和老百姓更亲近了"。

通过动员村民积极参与垃圾分类，可以促使村民养成良好的卫生习惯，培育他们的生态文明意识，从整体上提升村民的精神文明素质。

资料来源：许雅文、孔朝阳、任平、李贝妮：《准确分拣　完善设施　确保长效　农村垃圾分类迈向精细化》，《浙江日报》2017 年 8 月 9 日，第 9 版。

 经验借鉴

明确的目标让计划的推行事倍功半，浙江省一直推进"诗画江南"建设，通过规定了"分类投放、分类收集、分类运输和分类处理"的农村生活垃圾"四分"要求，定点投放、定时收集、定车运输、定位处理的农村生活垃圾"四定"要求，并规范了省市县（市、区）、乡镇（街道）等各层级到农户的主要职责及操作实施等措施，使垃圾分类处理更加科学化和流程化，也改变了以往垃圾分类效率低，错误率较高的问题，使乡村垃圾分类问题有规可循，有人可管。

浙江省在推行乡村垃圾治理的过程中，始终将农村生活垃圾分类化、减量化、资源化、无害化处理作为自身在生态环境管理中的一个关键目标。通过分类，农村生活垃圾最终一步步实现减量化、资源化、无害化和生态化的目标，使垃圾不再成为困扰新农村建设的"拦路虎"。

同时，浙江省将基层政府的垃圾管理能力也作为地方基层政府的核心治理能力考量之一，促使基层政府开展与自身情况相结合的种种措施，如红黑榜、垃圾积分等，真正做到垃圾分类无死角化管理。

四、诸暨：将"绿色革命"进行到底

关键词：政府；垃圾分类；绿色革命；督察；评价体系

 案例全文

"西施越溪女，出自苎萝山。秀色掩今古，荷花羞玉颜……"李白的这首《咏苎萝山》，让西施的美传闻于天下。如今的诸暨人，秉持着"绿水青山就是金山银山"的发展理念，誓将垃圾分类促环保的"绿色革命"进行到底。

2014年诸暨的农村生活垃圾分类工作正式拉开帷幕；2015年诸暨将垃圾减量化试点工作扩展到全市所有镇乡（街道），共计38个村开展该项工作；2016年诸暨又扩展了193个村，基本形成了"微生物高速发酵、沼气厌氧、太阳能堆肥"三种垃圾处理模式；2017年诸暨新增234个村实现生活垃圾分类。

发挥巾帼力量，奖励形式多样

马云曾说："我相信本世纪女性真正能够成为推动社会政治、文化、经济进步的主要力量。"这句话在直埠和枫桥都得到了印证。

发放倡议书，参与清洁河道、垃圾分类……作为巾帼志愿者队伍的一员，每一个"直埠好妈妈"都投身到助力"美丽县城"和"生态诸暨"建设中来。而早已名声在外的"枫桥大妈"更是在垃圾分类这件小事上丝毫不懈怠。无论是"直埠好妈妈"还是"枫桥大妈"，"娘子军们"挨家挨户发放宣传册、动员全家积极主动参与垃圾分类，帮助家庭成员树立低碳理念、养成绿色健康文明习惯。在"直埠好妈妈"和"枫桥大妈"的带动下，当地无论是群众参与度，还是分类资源化有效处理，都有了很大程度的提升。

为了赢得"绿色革命"的胜利，群众和党员上下一心

诸暨全市广大党员撸起袖子加油干，以党员干部"十个带头"助力农村环境大整治：带头开展宣传引导、带头清除卫生死角、带头做好垃圾分类、带头整治乱贴乱画、带头清理乱堆乱放、带头清捡河渠垃圾、带头保持庭院整洁、带头参与补绿复绿、带头配合村庄建设、带头遵守文明规范。

为了鼓励乡镇和村民将垃圾分类坚持到底，除了宣传教育，2017 年诸暨拿出 470 万元专项资金对群众参与度高、分类质量好、长效管理制度健全的示范点、示范村进行奖励。在诸暨，大家耳熟能详的荣誉榜、绿色超市等积分奖励制度则作为基础性奖励制度执行。

此外，诸暨还施行专业督导评比奖励制度，主要形式为"小票积累制"，小票分为红色合格票和绿色提升票两种，村民可在参与美丽乡村建设，实施垃圾分类过程中，凭积累的红色合格票，在一定时间内换取一定的实物奖励。如暨阳街道采用"信用存折"积分奖励，王家井镇结合党员考评，挂钩"星火党建"，都取得了一定效果。

引入专业第三方，助力督察和服务

随着形式多样的激励措施，严格督察才能避免各项工作流于形式。为此，诸暨在市级层面实施"每周一通报、每月一排位、年终总考评"的督察考核制度，并于 2017 年 6 月全面启动市级第三方暗访督察工作，毫无保留地通报存在的问题，坚定不移地督促整改。

有错必纠，干在实处。浬浦镇在环境整治暨垃圾分类动员大会上，对全镇已实施垃圾分类的行政村"两委"干部垃圾分类情况进行了"亮牌"曝光。34 个村干部中，有 6 名村干部因为垃圾分类不正确被点名亮红牌，要求立即整改。

"小垃圾大革命。"陈宅镇采用主职查、交叉查，不断提升督察效果。镇党委书记亲自带队，督察村"两委"干部、党员、村民代表等"关键少数"，通过发挥"关键少数"的示范带动作用，促进面上工作的整体提升。还组织垃圾分类覆盖村的主职干部交叉检查，拓宽了村干部的思路，促进了工作交流，起到互相鞭策激励作用。

引入第三方，在市里，涉及考核评价体系，在乡镇，则体现在专业服务上。

在陶朱街道，政府委托第三方诸暨红岭保洁服务有限公司收集可腐烂垃圾，采用沼气池处理模式，收集范围达到 20 个村，公司负责清运、处理，确保做到日产日清。

店口镇在垃圾处理上，引入 PPP 模式，即政府提供场地，企业提供微生物发酵机器设备以及管理人员，负责运维处理可腐烂垃圾，同时第三方还提供垃圾分类培训等相关配套工作。引入第三方，按企业化运作方式提供垃圾分类第三方服务，不仅能保障垃圾处理效果到位，也有利于完善垃圾治理长效机制。

绿色扮靓家园，百姓乐享生活

想起几年前"脏、乱、差"的村容，陈宅镇绿化村的陈奶奶感觉恍如隔世。"当时村民还没有垃圾分类的习惯，房前屋后垃圾胡乱堆放，臭水沟臭气熏天。现在政府重视，卫生搞好了，夏天蚊子变少了，垃圾站的苍蝇也少了，村子也就整洁漂亮了。"

村民们从不理解、不习惯垃圾分类，到慢慢地接受，再到日渐形成习惯，这看似"一小步"的改变迎来了绿色生活改善的"一大步"。通过垃圾分类，不少村庄的整体环境变好了，村民文明素养提升了，对政府的评价也高了。

"垃圾分类这件事，政府做得对，符合民心，虽然有些人思想一时转不过来，但会慢慢习惯的。垃圾一分，环境好了，邻里之间的矛盾也少了。"对于垃圾分类，同山镇高城头村解放自然村杨松标老人赞誉有加。

作为垃圾收集员，同山镇布谷村蒋通达则毫无怨言："老百姓已逐步养成了习惯，现在垃圾分类已经好不少了。镇、村干部很认真，经常来检查。我作为收集员，每天要起早，工作很脏很累，但做这项工作很有意义，我感到很光荣。"

农村生活垃圾分类处理是探索农村垃圾减量化、生态化、资源化处理的有效途径，是全面深化"清洁家园"行动，推进美丽乡村建设的重要载体。

资料来源：南苏、寿程虹：《垃圾分类美乡村　上下一心共奋进　诸暨：将"绿色革命"进行到底》，《浙江日报》2017 年 8 月 7 日，第 13 版。

经验借鉴

"垃圾治理一小步，生态乡村一大步。"诸暨作为西施故里，自古山清水秀，人杰地灵，驰名中外。但近些年来，垃圾围城逐渐成为影响诸暨"山水清秀"形象的一个重要"顽疾"。如何治疾祛病，诸暨走出来自己的一条路。

首先，结合实际，开拓思路使垃圾减量方式多样化。根据诸暨各个不同地区的不同实际情况进行多样化的垃圾减量处理办法，寻找合适自身发展状况的有效途径，不完全照搬照抄别人的经验。

其次，抓住重点，凝聚基层女性力量，树立垃圾减量典型。在人员管理上抓住了女性管理这一重要群体，将女性细致、柔性的管理天赋融入垃圾减量管理过程中，同时树立垃圾减量管理的榜样和标杆，形成有效的带头效应。

冉次，以党委为领导核心，充分发挥党员带头作用。党委在基层管理过程中起到了无可替代的重要作用，一方面发挥了党委在思想上的引领，另一方面共产党员的示范作用也凸显出来。

最后，引入 PPP 模式，促使垃圾分类经济产业化。引入社会资本，不仅能够更加灵活地开展垃圾减量工作，同时还能有效地降低财政资源的使用，降低了政府的负担。有助于盘活现有资源，提升管理效率和专业技术化水平。

五、淳安如何"撬动"农村垃圾分类

关键词：淳安；垃圾分类；农村分类

 案例全文

"垃圾围城"是每一个城市面临的困境，美丽的千岛湖也不例外。为了保护一湖秀水，提升环境品质，淳安县委、县政府将农村生活垃圾分类作为突破点，根据相关要求，在 2015 年完成了 2 个镇和 3 个村的农村垃圾分类试点工作，2016 年在千岛湖镇、富文乡等 10 个乡镇共 205 个村实行了垃圾分类投放、分类收集等工作，实现了垃圾减量和资源化利用，使农村环境有了明显改善。

农村的垃圾处理设施不完善及村民的环保意识不强等客观情况，使农村垃圾分类处理成了一个大难题。为此，淳安县政府结合实际情况，在2015年出台了《淳安县农村生产生活垃圾分类收集和资源化综合利用工作实施方案》，建立了"简易分类＋深化处理"的农村生活垃圾分类处理模式。

何为简易分类？就是用通俗的说法和简单的做法教村民如何去做垃圾分类，将农村生活垃圾分为可堆肥、不可堆肥两大类。易腐烂、可堆肥垃圾，比如剩菜剩饭、菜叶果皮、腐烂瓜果、动物内脏、零食碎末、作物秸秆、枯枝烂叶、饲养动物粪便等；其余不可腐烂的垃圾便是不可堆肥垃圾。中洲镇厦山村的一位村民说："跟我们讲垃圾分类，我们一头雾水，搞不明白啊。但是把垃圾分成腐烂和不腐烂的，我觉得还是挺简单的。"

何为深化处理？就是对可堆肥垃圾采用微生物发酵资源化处置，或是太阳能普通堆肥处置；对不可堆肥垃圾按现有的"户保洁、村收集、镇中转、县处置"的清洁乡村体系进行无害化处置。

为了推广简易分类、深化处理这一模式，淳安各乡镇村逐步完善卫生基础设施。为每家农户发放黄色和绿色的垃圾桶，每村根据农户数量（一般每10户一个）发放240升的黄色和绿色垃圾桶，放置在村垃圾收集点，用于统一收集垃圾。同时，各村还配备了1~3个红色大桶，用于存放有害垃圾。不少乡镇还新购置了垃圾运输车，使可堆肥垃圾和不可堆肥垃圾可以分开运输，减少污染。

让垃圾分类"包袱"变成财富

垃圾分类工作还有一大难题就是，如何引导村民积极主动参与垃圾分类。各乡镇结合当地情况，琢磨出了适合自己的好点子。其中，石林镇巧用经济杠杆，鼓励村民以垃圾换物的做法，提高了村民的积极主动性，营造了良好的氛围，取得了显著的效果。

原来，为了有效推动农村垃圾分类，石林镇想出了废品换钱、垃圾换物和荣誉换肥的好方法，提高村民参与垃圾分类的主动性。废品换钱就是安排垃圾分类员每天早上在各自然村有价回收旧书、报纸、矿泉水瓶等可回收垃圾；垃圾换物就是鼓励村民将分好类的垃圾放到统一收集点，由垃圾分类员和镇妇联组成的"帮帮团"进行登记评分，对表现好的农户给予鸡蛋、大米、酱油等奖励，对分类差的农户进行上门辅导；而荣誉换肥，就是每月根据各农户垃圾分类的表现情况，进行评比，对前若干名次的农户进行小额现金奖励，并赠送微生物发酵处理的有机化肥一袋。通过垃圾换物这种"接地气"的方式，既普及了垃圾分类知识，又获得了村民的接受和理解，还增强了村民的环保意识。

石林镇双溪村的一位村民说："现在大家对垃圾分类很感兴趣，不仅能拿到一些实用的生活用品，关键是村里变得比以前更干净了。"

垃圾分类有序推进 各项制度保长效

农村垃圾分类有序推进，淳安县各乡镇亮点频出，这离不开县委、县政府严密的工作计划和周全的制度保障。2015年起，县政府制订了农村垃圾分类工作计划，计划用3年时间，采取"先行试点、逐步推进、全县覆盖"的方式，完成全县所有乡镇全面实施垃圾分类收集、分类投放、分类清运、分类处理的工作。就在当年，淳安完成了石林镇、临岐镇和枫树岭镇下姜村、中洲镇厦山村、梓桐镇黄村的农村垃圾分类试点，2个乡镇及3个村的垃圾减量和资源化利用运行正常，且农村环境有了明显改善。2016年，千岛湖镇、富文乡、左口乡等10个乡镇的农村垃圾分类基础建设基本完成。

为了有序推进工作，淳安在各制度层面也给予了保障。建立了农村垃圾分类六项制度（包括县、乡镇、村），制定了淳安县垃圾分类工作考核制度；乡镇、村制定了乡镇级、村级的农村垃圾分类考核制度、奖惩措施、垃圾收集管理员评优、网格化管理等相关制度；各乡镇建立了乡镇级、村级的农村垃圾分类组织机构，部分乡镇还建立了村垃圾分拣员、设备用房操作员和村监督员队伍。同时县政府加大资金投入，将农村垃圾分类工作所需资金纳入财政预算。

资料来源：王萼、鲁萍：《淳安如何"撬动"农村垃圾分类》，《钱江晚报》2016年12月16日，第G0002版。

经验借鉴

淳安县政府结合本县的实际情况，为推行垃圾分类，提出了"简易分类＋深化处理"的分类处理模式。考虑到村民实际的知识水平，淳安县政府用简单易懂的语言向村民解释了如何去做垃圾分类，这看似简单的举动却恰恰是其能成功推行农村垃圾分类的重要一步，只有帮助村民更好地理解垃圾分类，才能使垃圾分类成为一件"简单"的事情，从而让日后各项调动村民积极性的活动有了成功的可能。并且淳安县政府为了能够有序推进工作，在推行新分类处理模式的同时，在制度层面也给予了保障，如建立工作考核制度、垃圾分类考核制度及奖惩措施等。这些新增制度措施填充了大框架中的细节部分，为淳安县能够实现生活垃圾分类收集和资源化综合利用提供了保障。在进行制度、模式改革的同时，淳安县也进行了物质层面的改革。为了适应推广垃圾分类行为的要求，淳安县开始完善卫生基础设施，实现了物质层面的分类便利。在调动积极性方面，淳安县利用经济杠杆，在调动了村民的积极性的同时还普及了垃圾分类知识，增强了村民的环保意识，可谓"一箭多雕"。

淳安县通过分析实际情况，充分发挥了主观能动性，基于客观事实提出了最合理的模式，并且通过制度和物质层面的"双管齐下"，大大减少了推行农村垃圾分类制度的阻力。同时合理运用经济杠杆，提高了村民参与垃圾分类的积极性，在潜移默化中增加了老百姓的配合和支持。

六、富阳："二维码＋APP＋后台"解决农村垃圾分类难题

关键词：二维码；互联网；政府监管

 案例全文

"二维码＋APP＋后台"轻松解决了垃圾分类工作中分类意识不强、分类

评价缺失和分类效果不明显三大难题，这就是智慧农村环卫信息管理系统"富阳样本"。

为了推动农村生活垃圾分类和资源化利用，浙江省杭州市富阳区累计投入项目资金1.3亿元，主要用于分类设施、终端处置设备采购，资源利用站点、分类投放点建设等工作。截至2018年3月，全区有19个乡镇（街道）完成垃圾分类项目建设，新建46个生活垃圾资源化利用站点，完善提升生活垃圾分类基础设施，建成各自的垃圾分类收运体系。其中，11个乡镇（街道）开始实体运行。

然而，这11个乡镇（街道）在实践中遇到了和其他地区一样的困扰：农户分类意识不强，应付了事；总体分类评价缺失，缺乏正面激励机制；分类效果不明显，垃圾总量并未大幅度减少。

如果不解决这些问题，政府投的钱都会打水漂。经过多方调研，"互联网+垃圾分类"农村环卫信息系统应运而生，并于2017年6月在万市镇试点实施垃圾分类信息化管理。

李俞庆是万市镇白石村的一名保洁员。每天早上，他出门前要先在手持终端上打卡签到。然后，挨家挨户查看村民放在门外的垃圾桶，用手持终端扫描垃圾桶上的二维码，这里记录了村民的姓名和编号。在"垃圾分类评价"页面，李俞庆要根据实际情况，从分类合理、主动投放、桶身清洁三个方面，对村民垃圾分类工作给予"好、中、差"评价。每一个评价都对应相应的分数。如果3项都是好的，能获得10个积分；如果都差，则只能得到2个积分。

积分有什么用？万市镇农办主任潘勇军说，根据村民的积分排名，将适时通过年终奖励等举措，对村民进行表彰，以充分调动村民们参与垃圾分类的积极性，让垃圾分类真正成为百姓的一种生活习惯。

李俞庆主要负责139户村民的垃圾收集工作，要在每天上午10:00点前完成这项工作。他一天的行动路径，全部都有记录，当天垃圾的收集情况也有明细。

保洁员的考评主要由村妇联主席负责。点开安装在手机上的App，白石村妇联主席唐丽波就能查看各保洁员当天的工作情况，从收集率、考勤、路径轨迹等方面多维度对保洁员进行综合考评。此外，资源化利用站的工作人员也将根据保洁员垃圾收集的情况进行考评。考评主要分为优秀、及格、不及格三个档次。月度未达标的保洁员将被扣除绩效奖金。

潘勇军说，通过农村生活垃圾分类和卫生保洁智能化数字化长效管理系统，对保洁员实施定期考核和奖励，有效地破解了保洁监管难题。同时，万市镇对各村实行定期考核和奖励制度，加强村委管理，并将垃圾分类实施成效纳入村委年终考核。

垃圾分类信息化管理系统试行半年后，万市镇农村生活垃圾分类减量超过 180 吨，垃圾分类收集率、投放率均达 70% 以上。

资料来源： 何芳芳、王杰、周兆木：《农村垃圾分类看富阳 一个二维码＋一个 APP＋一个后台》，《中国环境报》2018 年 3 月 27 日，第 7 版。

 经验借鉴

浙江省杭州市富阳区在监管垃圾分类工作中引入"互联网＋"理念，在完善了区域生活垃圾分类基础设施后，建立了与之相应的"互联网＋垃圾分类"农村环卫信息系统，通过智能化的层层管理解决了他们在垃圾分类工作中遇到的三大难题。垃圾分类评价系统完成了对村民层的监督监管，在源头上监督了垃圾分类行为。此外，引入积分系统，将垃圾分类行为考评与奖励挂钩，不仅防止了高压措施下的行为反弹，还在一定程度上提高了村民垃圾分类的积极性。而在保洁层引入"农村生活垃圾分类和卫生保洁智能化数字化长效管理系统"则大大降低了监管难度，从而提高了监管效率和质量，并且引入考评制度，将工作完成情况与奖金挂钩，保证了保洁员的工作质量。在管理层则将垃圾分类实施成效纳入村委年终考核，保证了管理层的工作态度。

比起其他的着重于探寻垃圾分类合理制度、如何提高村民参与垃圾分类积极性的政府，富阳区政府则将重心移到了监管上。他们不再绞尽脑汁想如何利用制度、利用经济来保证村民参与的积极性，而是直接通过加强监管力度这一措施来保证垃圾分类的成效。不难发现，这一措施带有相较于其他地区有更加明显的强制性色彩，通过各类智能化的考评机制逼迫各层做好垃圾分类工作。虽然这些手段看起来有些"过硬"，但却也取得了成效。运用现代智能科技显然能够为垃圾分类工作带来效益，但有时"硬手段"或许能带来意想不到的效果。

七、临安：垃圾分类"金点子"擦亮生态底色

关键词：政府；垃圾分类；智能化；市场化；多部门联合

 案例全文

　　临安是浙江省内陆地面积最大的县级市，东西跨度约 100 公里，农村人口占比 60.7%。近年来，按照省、杭州市决策部署，临安把清洁乡村、农村生活垃圾分类工作作为农村环境建设的焦点，作为美丽乡村示范县创建的重点，突出抓设施建设、抓源头分类、抓宣传推进、抓示范推进，因地制宜、综合施策、创新突破，垃圾分类"金点子"不断，美丽乡村建设持续升级。人人共创清洁乡村，人人共享绿色环境，人人共绘美好生活画卷。

从源头抓起　好经验带动大项目推动

　　垃圾分类工作，首先就是要从源头抓起。在解决生活垃圾收集设施脏乱、破旧的视觉污染问题的过程中，源源不断的创意，让实用与美学擦出火花。

　　7 月 17 日，在上畔村，用废弃的酒缸、酒瓶等改造成花盆，和石块一同筑起小花坛，种上花花草草，庭院风景别有生趣。走近一看，才发现里面暗藏玄机，分类垃圾桶被内嵌在花坛里。"家家户户都有两个小桶，分别是可堆肥的和不可堆肥的，摆在外面太难看，不如把能利用起来的都利用起来，做点小景点，实用又美观。"村支书吴茂华介绍说。

　　路面洁净，村落清爽，之前"脏、乱、差"的城乡接合部已经"蝶变"，村民们纷纷点赞垃圾分类。"可堆肥的放在绿色桶，不可堆肥的放在黄色桶，现在分得很好。蚊子没有了，也干净了，人身体也好了。"村民孙美娟露出满意的笑容。

　　上畔村收集设施改造的做法很快被推广，临安市依托专业文化创意公司，

在充分征求当地村民的意见后，根据区域面积大小、人口比例、风土人情，因地制宜，就地取材，废弃物利用，成功改造了一批成本低、美观实用、与周边环境充分融合的果壳箱、垃圾箱、垃圾房等。

除了收集设施改造，临安市在推进市级农村生活垃圾分类示范村过程中结合各地民风民俗等实际情况逐渐探索形成了一套可复制、可推广的好经验、好做法。2017年临安在确保完成80个农村生活垃圾分类处置示范村创建任务基础上，要求每个镇街打造1个以上的样板村，作为展示自己生活垃圾分类处置最高水平的窗口。通过示范引领，以点带面，全面推进临安市的农村生活垃圾分类处置工作。

有了好的经验带动，更要有优质项目推动。如何源头分类后就地处理？临安组织开展了锦南、於潜、太阳等11个杭州市农村生活垃圾减量化资源化整乡镇推进工作，建成机械化处置设施17处，其中玲珑街道投资1000余万元的大型中转、处置综合体项目在省内处于领先地位。

"村民和商户分好的可堆肥垃圾，也就是餐厨垃圾和生鲜垃圾，这些垃圾送过来经过3天处理之后就变成这样的有机肥料，这些肥料村民们都很喜欢，他们都拿去种菜养花的。"玲珑街道生活垃圾处理站的负责人介绍说。玲珑街道生活垃圾处理站每天都会处理3吨左右的可堆肥垃圾，年产生物有机肥可达300吨，可减少玲珑街道约2800吨垃圾的外运，节省焚烧费用约45万元。

借市场之手　专业化处理智能化监管

临安撬动经济杠杆，让"看不见的手"和"看得见的手"协同配合，用市场化手段推动垃圾分类。

2016年，锦北街道试行全域垃圾收集、分类、清运、处置市场化运行模式。通过政府购买服务形式，锦北把全街道的农村保洁、垃圾分类、清运、处置等工作都交给专业保洁公司承担，推广上门收集垃圾模式，开发垃圾分类手机App软件，实行收集员二次分拣、垃圾称重、拍照、评分、排名、考核公示、积分奖励、实时查询和数据统计，量化垃圾分类管理。同时实行街道对村、村对保洁公司、街道对保洁公司、保洁公司对保洁员的四方考核制度。

2017年，临安市有一半以上的镇街已经不同程度引入市场化运作模式。其中，青山湖街道引进浙江省再生资源集团有限公司，落地试水垃圾处置新模式，与以往"甲方垃圾、乙方清运、丙方处理"的传统做法不同，新版的垃圾处置模式实行"五位一体"运作，从垃圾分类投放、清扫、运输、处置、资源化利用，全程只有一个责任主体，自始至终"闭环"处置。"专业人做专业的事情，政府负责监管。"临安市农办负责人介绍说。

专业化处理的思维还解开了另一道难题，以前农民用完的农药袋、农药瓶散落于田间地头，残留农药渗入土壤，严重破坏环境，直接影响生产生活安全，也间接影响到农产品的质量安全。临安以专业手段解废弃农药之困，市供销总社牵头，建立了以各镇街道为责任主体，相关部门为监督主体，以农药经营店为回收主体，以第三方公司为归集运输单位，由另一个专业公司对废弃农药包装物做专业化处置的市场化运作机制。截至2017年8月，已回收废弃农药包装物86.9吨，完成了全年任务量的108.7%，陈年废弃农药包装物基本被收集处置。

市场化专业化不断升级，带动了垃圾分类向智能化方向发展。位于青山湖畔的环湖村，这里有全市首个村级环卫所，还开创性引进"智慧物联环保云"管理系统，环湖村投入使用7台"垃圾分类二维码积分机"，机器设有二维码扫码器和"可堆肥""不可堆肥"分类标识，内置2个分类垃圾桶。每户村民都有自己专属的二维码，"你看，只要在机器上刷一下二维码，嘀的一声，垃圾箱打开，就可以把分好类的垃圾倒进去，非常方便。"一位村民说。

村民每次投放分类垃圾都能获取一定的积分，智能系统连接村委的电脑实时进行记录并积分，村委每月按积分进行排名，农户的积分可以兑换肥皂、洗衣液等物质奖励，大大提高了农户参与垃圾分类的积极性。

处置终端监管也走向智能化，为了对全市机械化终端处置点的运行实施有效监督，确保正常运行，临安正在通过购买服务方式，建设农村生活垃圾处理智能监测系统。该项目实现了电脑或手机终端实时查看各站的运行情况，包括工作人员操作是否规范、机器设备是否正常运作、垃圾处理量、出肥量、水电能耗等，助推了临安农村生活垃圾分类处置工作。

机制联动　多部门形成合力

垃圾分类处理是解决生活垃圾、美化生活环境的必由之路。临安闯出了好路子、推动了好项目、拉动市场化走向智能化，这一切都离不开好的机制做保障。

临安建立市、镇街、村的三级考核机制。一级考核是市农办每季度对镇街清洁乡村、垃圾分类工作集中考核一次，组织镇街分管领导、科室负责人、专业调查公司开展"3210"交叉检查，先暗访后明察。"3"即每个镇街抽检 3 个行政村；"2"即每个行政村实地检查 2 个以上自然村的环境卫生及垃圾分类工作；"10"即每个行政村走访 10 户以上的村民，重点调查垃圾分类知晓率和准确率。暗访后再听汇报、查台账，得出考核结果，以专报形式通报镇街、村排名，纳入年度市级专项考核，并在电视台和报纸上公告。同时也将镇街每月信息报送、材料报送、参加会议情况都计入考核。

二级考核是镇街通过村与村交叉检查、明察暗访等形式，每月对各行政村组织一次考核，检查记录本由市农办统一印制。

三级考核是各村每天考核保洁员的日常工作，依据考核结果奖优罚劣。三级考核机制很好地发挥了指挥棒作用，确保了全市清洁乡村、农村生活垃圾分类处置工作长期有效运转。

考核机制督促推进的同时，临安建立"党建+"机制。临安积极发挥党员的先锋模范作用，建立了党员包干责任制度，村主要领导亲自抓，其他村干部分工包干自然村，党员包干到户。以党员干部一人带若干农户的方式，将整村的卫生保洁、垃圾分类的监管责任网格化包干、责任到人，确保每天有人监管、彻底消除卫生死角。每天考核结果定期汇总，对做得好的农户给予奖励，网格、考核结果都在专门宣传栏公布。於潜镇光明村 58 名党员人人一块包干区，太阳镇开展了"我家门前这一里"活动，形成了一大批源头分类准确率较高的村。目前，党员网格化管理制度已经覆盖全市建制村。

垃圾分类不是个别部门单打独斗，而是多部门联动形成合力。临安充分整合部门力量，发挥社会各方作用，形成合力共抓、凝心聚力的统筹推进机制。

临安市委、市政府将部门工作情况纳入了市级单项考核。市农办作为农村生活垃圾分类处置工作的牵头部门，积极整合各方力量，合力推进工作；市妇联组建的农村生活垃圾源头分类讲师团在各镇街开课，实现村民户代表培训全覆盖；统战部专门开展 5 个民族村创建示范村活动；市供销总社牵头全面开展废弃农药包装物的收集处置工作，投入 310 万元，依托镇街农资站，建立了完善的收运、处置体系；联合环保局开展示范村、样板村创建，充分运用好杭州市环保专项资金。

值得一提的是，临安村落景区的垃圾分类也开展制度创新，制定了村落景区的临安标准，逐步探索村落景区生活垃圾物业化管理制度，充分调动村民积极性，实现民治、民管。目前已在天目山镇月亮桥村、太湖源镇白沙村和指南村开展试点。

宣传发动　来一次观念革命

在垃圾分类中，"先分后混"的现象一直广受诟病。消除村民疑虑，提高农村居民垃圾分类意识，是做好农村生活垃圾源头分类的前提。2016 年开始，临安积极拓宽宣传渠道。一是加大媒体宣传引导。临安在扎实做好农村生活垃圾分类处置工作落地生根的同时积极打造亮点，增强垃圾分类工作外在影响力，吸引媒体主动开展宣传。

二是开展主题宣传活动。市农办与广播电视台进行协作，在板桥镇环湖村、太阳镇上太阳村等地相继举办以"垃圾分类人人参与、美丽村落你我共享"为主题的临安市农村生活垃圾分类宣传活动，通过文艺节目、游戏互动等形式宣传垃圾分类，1200 多名村民积极参与互动，提高村民垃圾分类积极性，营造全民参与垃圾分类的良好氛围。

三是突出源头宣传培训。市农办积极做好农村生活垃圾分类处置工作的牵头协调作用，充分发挥各相关部门力量，开展垃圾分类源头宣传培训工作。比如，市教育局以校园课堂为平台，将农村生活垃圾分类告家长信、源头分类指导手册发到了 4 万多名中小学生家中，组织了 2 万多名中小学生开展暑期农村生活垃圾分类社会调查活动，评选出 132 篇优秀小论文。

垃圾分类的"观念革命"在临安如火如荼地开展，农村居民垃圾分类知晓率不断提高。

"天下事有难易乎，为之，则难者亦易矣"，临安发挥事在人为、真抓实干的精神，践行"绿水青山就是金山银山"重要发展理念，开拓思路、创新手法，打造垃圾分类的临安样本。

垃圾分类乐了村民美了环境，今日临安，绿色生态底本被擦亮，美丽乡村又添新景象！

资料来源：孙俊、章志刚、周萍：《田园风景时时见　美丽乡村处处新　垃圾分类"金点子"擦亮临安生态底色》，《浙江日报》2017 年 8 月 7 日，第 17 版。

经验借鉴

　　临安市政府的垃圾分类工作首先是从源头方入手，结合当地民风民俗总结实用经验，探寻出了一套可复制、可推广的好经验、好做法；并通过示范引领，以点带面，全面推进临安市的农村生活垃圾分类处置工作。临安政府除了和其他地区一样进行农村生活垃圾减量化资源化的工作，还创新性地对垃圾收集设施进行了美观化改造，实现了美观和实用的"双赢"。而在处理垃圾方面，临安市政府创新性地引入市场化运作模式，通过政府购买服务的形式，减轻了政府在处理垃圾分类工作时的负担，在使政府更能集中精力做好监管工作的同时，运用好专业人的专业力量，保证了垃圾处理过程的质量。并且处置终端走向智能化减轻了监管压力，将科技融入了监管。而临安市建立的三级考核制度以及党员网格化管理制度在制度层面为推行垃圾分类行为做出了充分的保障。并且多部门联动，形成合力，共同推进工作。在进行以上措施的同时，临安还积极拓宽宣传渠道，在加大媒体宣传引导的同时开展主题宣传活动，并突出源头宣传培训，发动了一场观念革命。

　　临安市在源头方对垃圾收集设施视觉污染问题的察觉和解决为其他地区提供了一个新视角。而在垃圾处理方面创新性地引入市场化运作模式，则为其他地区提供了一个崭新的思路，是具有可操作、可复制性的。并且临安不仅在制度层面上做出创新和保障，还借助了宣传的力量为垃圾分类的推广创造了良好的氛围，具有借鉴意义。

八、长兴：全局部署　全民行动　全域美丽

关键词：政府；垃圾分类；全民行动；全局部署；全域美丽

 案例全文

　　位于浙江、安徽、江苏三省交界的杭嘉湖平原，三面环山，与太湖相望，

境内多山多矿，曾几何时，特殊的地理位置和自然资源优势，造就了长兴"石头城"的称号，矿业一度成为长兴发展的主导产业。

近年来，长兴以"绿水青山就是金山银山"发展理念为根本指导，以壮士断腕的魄力，通过调整结构、转型升级、坚决走绿色发展之路，告别了传统的粗放式发展模式。曾经的煤矿、石矿逐渐被今天的民宿、湿地取代，"中国绿色动力能源中心"的城市名片已闻名中外，长兴，逐渐成为长三角地区知名的"都市后花园"，一幅清丽动人的江南美丽乡村图景光彩夺目。

在美丽乡村建设全局中，垃圾分类是其中一个重要环节，与城市相比，农村基础设施薄弱，组织管理方式滞后，垃圾减量化、资源化、无害化的任务较为繁重。守住一方厚土，造福一方百姓，长兴通过高起点谋划，以城乡公共服务均等化和基础建设一体化为目标，按照因地制宜、科学布局，源头分类、循环利用的原则，破解农村生活垃圾分类难题，垃圾分类在广大乡村演化为一场全民行动，在优化环境的同时，提振了乡村文明，淳厚的乡村民风得以盛行，为创成浙江省美丽乡村示范县写下了浓墨重彩的一笔。

智慧统筹　下活全域"一盘棋"

与轰轰烈烈的"五水共治""四边三化""三改一拆"等专项活动相同步，长兴将垃圾分类融入全县中心工作，全县"一盘棋"，实施最严苛的考评标准，如农村生活垃圾分类工作不达标，对美丽乡村创建采取一票否决制。建立了上下"联动"、左右"联合"、全线"联通"的机制体系，并给予责任部门（组织）以相应的专项资金支持，从而确保垃圾分类长效、常态化运行。

三个层次的领导机构上下"联动"，为推动垃圾分类工作打下基础。第一层次为县指导，由县主要领导担任总指挥，县农办负责创建活动的指导督促；第二层次为乡镇督导，由乡镇领导负责区域创建工作的日常管理、督导推进；第三层次为村主导，由各创建村两委班子成立垃圾分类处理工作小组，2017年项目实施村均已建立以村主职领导为组长的垃圾分类工作组。

左右"联合"的部门协作机制，破除了不同部门之间的合作壁垒。长兴县专门出台了《2017年度全县农村生活垃圾分类处理工作方案》，在此框架下，明确各相关部门的具体职责，形成了分工明晰、权责明确的协作模式。如县农办主要负责方案制定、组织协调工作；建设局根据县域布局负责站点

（中转房）选址、规划制定、建设指导和长效管理工作，并制订长效管理方案落实长效管理资金；"垃圾分家，主妇当家"，县妇联发动各镇、村妇联主席召开培训会，多形式、多方法开展宣传活动。教育局负责落实垃圾分类"小手拉大手"活动。

全线"联通"的联合推进机制，盘活了基层组织参与垃圾分类的积极性。"分片联系，分类整治，分层帮扶"三大制度利于发现弱点、解决难题、挖掘亮点，调动了包括新居民、老年人在内的广大妇女群众参与"农村生活垃圾分类"的工作积极性和主动性；垃圾分类作为年度全县"双提十攻坚行动"中心工作之一，长兴县农办专门成立巡查小组，制定考核标准，实行一周一抽查，一月一比赛，一季一考核，每周每月每季对考核结果进行排名，塑造"比、学、赶、超"的工作氛围。

农村垃圾分类常态化、长效化，资金是关键性的保障因素。长兴县财政整合省级专项补助资金对开展垃圾分类工作的乡镇（街道、园区）或企业实施建设补助或处理补贴，县财政对乡镇农村生活垃圾资源化利用站点土建和设备实施全额补助；按照《长兴县人民政府办公室关于印发长兴县餐厨垃圾管理办法的通知》，对餐厨垃圾处理以150元/吨的支付标准进行补贴。与此同时，长兴通过实行"县补助、乡主体、村实施"的农村垃圾分类处理长效管理和补助机制，探索建立县财政农村垃圾分类处理长效补助工作机制。乡镇（街道、园区）相应落实长效运维配套资金；县建设局负责开展对乡镇（街道、园区）垃圾分类长效运维工作考核，根据考核结果分档兑现长效补助资金；乡镇（街道、园区）相应建立对村（居）的长效考核办法，从而确保村级垃圾分类规范、全面、彻底。

凝心聚力　全民共建氛围浓郁

垃圾分类意味着对人们原有生活习惯的一次深刻改造，也决定了这项工作在实际操作中的复杂性和长期性。在长兴，参与垃圾分类逐渐成为长兴人的全民行动，长兴人凝心聚力、创新方法，由此形成了一股以垃圾分类为主题的绿色文明新风尚。

"垃圾分一分，环境美十分。"每天上午，在干净整洁的水口乡龙山村村道上，一辆不停播放着宣传语的垃圾分类宣传车成了最繁忙的"宣传员"，车身简洁的宣传漫画，生动地阐释了"可腐烂垃圾"和"不可腐烂垃圾"两种分类方法，使垃圾分类理念入耳入心。与此同时，该村通过"党建+"模式，充分发挥党员模范带头作用，全村43名党员先做好自家垃圾分类工作的同时，分区分责管理全村309户家庭。党员的躬先表率，带动龙山村形成了从"要我分类"到"我要分类"的氛围，村民们生活方式变文明了，参与垃圾分类的热情逐渐高涨。"龙山村每天产生的生活垃圾达到2吨以上，均得到了科学、高效处理。"龙山村一名村干部自豪地说。

2017年8月1日晚上11时，"长兴美丽乡村垃圾分类污水治理微信群"依然活跃着，这个250多人的微信群，涵盖了各乡镇、社区参与垃圾分类的主要工作人员，既是"互联网+"垃圾分类工作模式的创新尝试，也是长兴垃圾分类铁军"白加黑""5+2"工作激情的直接见证者。

"水口乡：分管领导张勋华部长和创建办人员一起对各村垃圾分类户分情况进行督察指导""和平镇：镇治污办到和平村、便民桥村、长城村检查推进生活污水治理增点扩面、垃圾分类和美丽乡村创建进度与质量"……通过微信平台，各乡镇相关人员主动汇报垃圾分类进度，根据全县垃圾分类开展情况，长兴县农办主任陈民华每天都在群里发布一则近800字的《今日点评》，总结当天的工作亮点和不足之处，"大家愿意把成绩拿出来比一比，看一看，无形中调动了工作人员的积极性，每天工作进度一目了然，下一步工作如何开展也有明确的方向。"陈民华说。

事实上，在长兴大小乡村，参与垃圾分类的长兴人始终在各自领域尽施所长，垃圾分类工作的宣传、志愿服务等活动创新层出不穷。

小浦镇、虹星桥镇利用端午节村民走亲访友都在家的有利时机，进村入户宣传垃圾分类工作；林城镇利用"村晚"，上演垃圾分类小品表演，精彩的演出让村民们印象深刻，也更直观地传达了垃圾分类的重要意义；太湖图影邀请浙江大学教授，面向度假区机关干部、村党员、村民代表、承包组长、清运收集员讲解垃圾分类知识；各地妇联在开展知识问答、手工展示、亲子互动活动的同时，积极进村开展"美丽庭院"、"最佳分类户"家庭、"十星级文明户"等评比创建，形式多样的创新活动，在推进绿色理念深入人心的同时，也催生出一朵朵璀璨的乡村文明之花。

美丽风景，释放乡村持久活力

截至 2017 年 8 月，长兴有 229 个村（居）已完成了户分垃圾桶配置工作，下发垃圾桶 15.5 万组，采购村运车辆 651 辆，64 座垃圾中转房已全部开工建设，已结顶完成 63 座并投入使用，已实现农村生活垃圾分类处理行政村和自然村全覆盖，农户受益率达 92.2%。垃圾分类已然是撬动长兴农村环境变革的有力杠杆，山清水秀的美丽环境助推美丽乡村升级版建设走向深入，长兴乡村绿色发展迈向了更高层级。

水口乡是远近闻名的全乡域开放式 AAAA 级景区，辖区 8 个行政村有 425 家特色民宿，恢宏古朴的大唐贡茶院、妙趣横生的采摘乐园，每年吸引 300 多万名游客前来体验田园风光、感受禅茶文化。"垃圾分类事关景区的长远发展，庞大的旅游人数给工作带来的压力可想而知。"水口乡一名工作人员说。

垃圾分类战役打响后，每个水口人都成了景区环境的"管理员"，村民们在做好自家垃圾分类的同时，还自愿组成志愿者团队，不定期开展针对主要道路沿线、农家乐房前屋后、沿线建筑垃圾、各类违章广告牌等的环境清理活动，连进入景区的导游也主动当起了垃圾分类"宣讲员"，引导游客参与垃圾分类。绿水青山之间，水口面貌美丽升级，"在水口，心自由"，精神文明和环境建设走在前列的水口，正成为更多长三角市民的心之向往地。

垃圾分类风生水起，乡村美了，乡村文明程度高了，农户从随之而来的众多利好中切实尝到了甜头。

"垃圾分类之前，景区各种垃圾混在一起倒进一个大垃圾桶，桶边环境脏乱差，村民们都不愿意垃圾桶设在自家周边。如今，家家户户门口的分类垃圾桶整齐摆放，分类放好、及时投放也成为村民的一种生活习惯。"小浦镇党委委员张小平介绍说。小浦镇自 2016 年 8 月作为县级试点乡镇全面开展农村生活垃圾分类工作以来，共入户发放宣传册 1 万余份。八都岕景区自实施垃圾分类工作以来，环境品质不断提升，游客接待量同比增加 9.6%。

垃圾分类不仅是一场环境整治革命，更是对乡村精神文明的一次集体洗礼。长兴，在这场大考中稳扎稳打，释放出美丽乡村外在美及内在美的双重活力，为美丽乡村升级版建设注入了更多动能。

村庄日常卫生保洁督察"零成本"

长兴通过试点农村垃圾分类"责任清单"制度，对各村垃圾分类工作实行对账考评，并综合考虑人口、面积等因素，将试点村庄分成若干个网格，每个网格安排"保洁＋督察"两支民间队伍，借助"村民互督"自我管理，实现村庄日常卫生保洁督察的"零成本"。

管理督察结果作为乡镇（街道）对村庄考核依据，考评优秀的村庄予以全额发放镇级"以奖代补"保洁经费，考核良好和及格的村庄按80%和60%予以发放，而对于考核不合格的村庄，则不发放任何补助和奖励。同时明确考评优秀的村庄，将给予优先安排村建项目。截至2017年8月，长兴县126个实施垃圾分类的行政村已全部推行"责任清单"制度。

党员率先垂范　助力垃圾分类

水口乡龙山村推出"1+43+309"党员联系户制度，即在1个党支部（龙山村党支部）引领下，以43名党员为纽带，联系全村309户农户，通过对接服务，切实帮助解决群众实际问题。除了每户农户门口张贴党员联系户公示牌外，龙山村还在进村路口率先设立了长兴首个"三个一"标识，以此督促党员主动亮明身份，明确责任，在服务群众、服务发展中更好地发挥先锋模范作用。

资料来源： 佚名：《全局部署　全民行动　全域美丽——垃圾分类的长兴之路》，《浙江日报》2017年8月7日，第19版。

 经验借鉴

长兴县通过上下"联动"，为推动垃圾分类工作打下基础；通过左右"联合"打破了部门之间的合作壁垒，形成了分工明晰、权责明确的协作模式，成为垃圾分类工作推进的有力"推手"；通过全线"联通"的联合推进机制，调动了基层民众组织参与垃圾分类的积极性，为农村垃圾分类常态化、长效化做贡献。与此同时，长兴还将垃圾分类融入全县中心工作，实施最严苛的考评标准，做好监管工作，保证工作进行。为保证农村垃圾分类常态化、长效化，长兴还将资金补助纳入机制规划之内，并将考评与补助相挂钩，倒逼乡镇村做好垃圾分类工作，这是监管和保证积极性的一个新视角、新思路。而其在农村试点的垃圾分类"责任清单"制度则借助"村民互督"的自我管理，实现村庄日常卫生保洁督察的"零成本"，这是一个崭新的思路。在氛围塑造方面，长兴通过垃圾分类宣传车积极宣传。与此同时"党建+"模式充分利用了党员的带头领导作用，带动村民积极参与，共同营造了一个良好的氛围。而各类形式多样的创新活动在推进绿色理念深入人心的同时，也进行了一次对乡村精神文明的集体洗礼。随着长兴垃圾分类进程的推进，长兴乡村绿色发展迈向了更高层级，而村民们也在随之而来的众多利好中尝到了甜头。

长兴在垃圾分类机制创新的同时，着重塑造了全民共同参与垃圾分类的氛围，以此随后靠氛围保障机制运行的顺利，具有一定借鉴意义。而通过村民自督来实现日常保洁督察"零成本"更是为其他资金不充足的地区提供一种监管新思路。

九、海宁农村实现生活垃圾分类全覆盖

关键词：政府；垃圾分类；微生物发酵处置；源头处理；综合利用

 案例全文

垃圾分类和美丽乡村建设有什么关系？浙江省美丽乡村创建先进市海宁用实践证明，发挥群众的积极性，从源头做起，美丽乡村建设才能真正进入良性循环。

在海宁市丁桥镇新仓村一个叫作梁家墩的村庄，每家每户门前都有一红一绿两个垃圾桶。红的是不可堆肥垃圾桶，绿的是可堆肥垃圾桶。这里，路面上几乎看不到一点垃圾。每个庭院都花木茂盛，整洁有序。小桥流水，亭台楼阁，恍惚间，这不是一个乡间村落，而是一个野趣浓郁的大公园。

海宁市从2014年开始尝试启动农村生活垃圾分类处理和资源化综合利用

试点工作，如今，在海宁的任何一个村，看到的都是美丽的场景。

一个垃圾分类标准，日均收集可堆肥垃圾约 100 吨

海宁的农村生活垃圾分类成功在哪里？一个数据能说明一切，2017 年海宁农村日均收集可堆肥垃圾量约 100 吨，分离出的可堆肥垃圾占全市农村生活垃圾总量约 20%。

在海宁，每个村庄在公共区域统一设置了 1~2 个"四分法"集中投放点，用于投放可回收垃圾、餐厨垃圾、有害垃圾和其他垃圾。而对于千家万户的农户，则采取"两分法"，即把生活垃圾分为"可堆肥垃圾"和"不可堆肥垃圾"两大类投放收集。每户农户每天都要将自家产出的生产生活垃圾分为可堆肥垃圾（可腐烂）和不可堆肥垃圾（不可腐烂）两大类进行处置。可堆肥垃圾一般指果皮、菜叶等，放入可堆肥垃圾桶，不可堆肥垃圾一般指塑料袋、纸杯、一次性餐具等，放入不可堆肥垃圾桶。两种垃圾是否分得彻底，完全靠人工，靠每户农户做这件事的细致和自觉程度。"海宁通过广泛深入的宣传和一系列行之有效的考核奖励措施，目前农户垃圾源头分类投放的意识和习惯已经基本养成，这个可以从我市目前每天能收集 100 多吨可堆肥垃圾的量上得到证实。"海宁市相关政府部门人员说。

在黄湾镇尖山垃圾资源化处理中心，近 300 平方米的厂房干净整洁、宽敞明亮，周围 5 个村运来的可堆肥垃圾桶分列两旁。一台微生物发酵设备旁，两个身穿蓝色工作服的工人正将一桶可堆肥垃圾倒入，倒入的同时，将农户分类时"漏网"的不可堆肥垃圾分拣出来。

"上午，共处理了周边 5 个村 3821 户农户收集来的 55 桶可堆肥垃圾。"一旁的尖山村村支书顾江林告诉我们，55 桶可堆肥垃圾中挑出的"漏网之鱼"只有小半桶。"可见，农户的垃圾分类质量还是挺高的。"

在黄湾村垃圾分类收集处理日常工作记录表中可以看到，保洁员姓名、垃圾桶号、垃圾量、出肥量、有机肥去向都有详细的记录。"保洁员每天的可堆肥垃圾收集量和薪水直接挂钩。"顾江林说。

也许，正是这严格的标准和督促机制才保证了海宁垃圾分类工作的有效实施。

2017 年 5 月底，海宁市"三级联动百人评议"垃圾分类长效管理检查评

议结果刚刚揭晓。在为期 4 天的检查评议中，12 名镇（街道）垃圾分类部门负责人，95 个村（社区）垃圾分类专职管理员，对全市 78 个垃圾分类重点村、57 个三星级、五星级美丽乡村创建村垃圾分类长效管理工作进行检查评议。根据《海宁日报》刊登出的评议结果，12 个镇街合计 182 个村总计 138313 户的农户中抽查了 135 个村，3960 户农户，其中三小组长户 106 户，党员户 297 户，对每个镇街抽查到农户的垃圾分类质量情况和可堆肥垃圾收集总量进行了详细的统计，12 个镇街的评议结果还进行了排名。

据悉，这样的评议活动海宁从 2017 年 2 月就开始了，每月一次。相关负责人表示，每月一次的评议结果在《海宁日报》刊登后，电话就响个不停。排名靠后的村都非常紧张，来电询问其他村垃圾分类的先进经验。

为了发挥党员干部的带头作用，海宁长安镇兴城村还采用"3+X"的捆绑制度落实垃圾分类工作。"3+X"中的"3"指村干部、党员和三小组长。"X"则指他们居住地附近的农户。全村 746 户农户，这一捆绑制度实施前，全村每天收集的可堆肥垃圾只有 100~200 千克，现在每天可收集 500~600 千克。

一个乡村建设规划，三条精品线串起 20 个精品村

在垃圾分类工作落到实处的基础上，海宁的每个村庄都重现了"小桥、流水、人家、田趣"的江南水乡味道。

2016 年，海宁市委托浙大建筑设计研究院编制了《海宁市"十三五"美丽乡村建设提升规划》，各镇街也制定完善了镇街美丽乡村建设提升规划，182 个行政村（社区）结合星级美丽乡村创建，统一编制完成了"三图一表"村庄功能布局规划，实现了市、镇、村三级美丽乡村规划"一盘棋"。

长啸村，是海宁市"果园飘香富农路"精品线路上的一个精品村。村里的河边是一条村民锻炼的游步道，彩石铺就，两旁花草树木装点得错落有致。视线再投向不远处，一幢幢外立面绘有农作物图案的粉墙黛瓦的农居给这幅画面又平添了不少生动之感。

据悉，星级美丽乡村创建工作属海宁独创。星级美丽乡村建设围绕"五个一"指标（一条干净生态的河流、一个健全的垃圾收集机制和网络、一片耕作高效的良田和土地集约节约利用现场、一条健康的村级集体经济和产业发展路子、一个和谐的民风习俗）设置了一星、三星、五星三个等级，每个

等级分别制定了具体、全面的考核指标和评审办法。在海宁，像长啸村这样的三星级村庄占了 15% 左右。

再到同一线路的另一个三星级精品村尖山村，更是眼前一亮。美丽整洁、如公园般的环境已成了这里村庄的"标配"。尖山村的代表水果是火龙果、橘子，整个村依山而建，推窗即可看山，环境非常优美。这里的农居被打造成民宿，游客除了可以享受采摘的乐趣，还可以玩骑行、滑翔伞……

截至 2017 年 8 月，海宁已有 20 个村正在打造特色精品村庄。根据规划，这 20 个村庄沿着"果园飘香富农路""百里钱塘农耕文化体验带""桑田绿韵宜居路"这三条精品线分布，且在设计上各有特色。随着 2017 年西部"花海布艺小康路"的启动建设，又有 6 个村列入特色精品村重点建设。

新仓村夹塘梁家墩景区，因其江南水乡原生态的建筑打造效果，成为海宁美丽乡村建设的一个典型。因为有固定的游客，这里还专门设有接待中心。在接待中心门口，显眼位置上还张贴着导游全景图和游客须知。

一条产业链，美丽乡村建设进入良性循环

2012 年 5 月，海宁市率先全面推行"河长制"管理。截至 2017 年 8 月，通过 5 年多的实施，海宁区域水质有了飞速的进步：30 个市级河道考核断面水质 2012 年初还有 28 个劣 V 类，但到 2017 年已全面消除劣 V 类。

"河长制"之所以成功，是因为干部管理，群众参与，"根子"还在于群众的治水积极性的提高。同样，海宁的垃圾分类也从源头尝试形成产业链。只有垃圾分类的产业链形成了，农户们才会真正积极参与，海宁的美丽乡村建设才能进入良性循环。

2017 年，海宁的可堆肥垃圾采用微生物发酵处置和工厂化处置两种模式。其中，8 个镇规划并建成农村生活垃圾分类和资源化处理中心 18 个，引进可堆肥生活垃圾生物发酵制肥设备 26 台，日处理能力为 65 吨；4 个街道和丁桥镇（海潮村除外）全部由绿洲环保能源有限公司负责工厂化处置和资源化利用，该公司有一条日处理能力 100 吨的生产线，专门用于农村可堆肥垃圾的处理。这样，保证了全市农村每天分类出来的 100 多吨可堆肥垃圾的及时处理。

可堆肥垃圾处理后产生的肥料怎么办？经海宁市农办积极牵线搭桥，深

圳大树生物环保科技有限公司和北京三安农业科技有限公司在海宁建立了生产基地，专门研发可堆肥垃圾生产有机肥。

在生产基地可以看到，黑色的有机肥从发酵设备里出来后，又被加工成颗粒状，最后被传送带装进标有"复合微生物肥料"的编织袋，经打包机打包完成。"这种有机肥中含有大量的微生物，有效活菌数超过 0.2 亿 / 克，售价可达到 1500 元 / 吨，而市面上常见的有机肥售价只有 800 元 / 吨左右。"深圳市大树生物环保科技有限公司总经理周建云手捧一把有机肥颗粒，面露喜色。生产出的有机肥还被送往浙江省化工研究所进行质量检测，确保质量达标，让用户放心使用。

这样的有机肥已经被用于农作物的培育实验。在位于海宁斜桥镇的三安农业实验基地，200 多亩的农作物长势喜人，都是用海宁回收的可堆肥垃圾生产出的有机肥施肥的。"施了有机肥后，原先硬化的土壤都得到了改善，2~3 年后，整块田地的生态环境也会改变。而且，种出来的玉米和水稻口感也要比施其他肥料好得多。"北京三安农业科技有限公司的农技师介绍道。

被收走的垃圾被换成高质量的有机肥，这样的好事，农户垃圾分类的积极性怎能不高？在黄湾镇尖山垃圾资源化处理中心，前来领取有机肥的农户排成了长队。据尖山村村支书顾江林介绍，每天新生产出来的有机肥当场会被附近的农户一抢而空。每天早上收垃圾和下午领化肥已成为当地农户雷打不动的习惯。

正因为充分调动各方积极性，海宁的美丽乡村建设道路才会越走越宽。在 2011 年全面开展美丽乡村建设以来，短短 6 年时间，海宁已形成整齐有序、绿意盎然、河水清澈、村庄优美的农村新气象。

资料来源: 张卉卉:《海宁农村实现生活垃圾分类全覆盖，受益农户 13 万余户》,《浙江日报》2017 年 8 月 7 日，第 20 版。

 经验借鉴

海宁地区从源头做起，发挥群众积极性，在美丽乡村建设中步入良性循环。首先它在垃圾投放方面设置了两套方案，在公共区域采用"四分法"，而面对农户则采用"二分法"，根据不同区域的人口特点，采用不同方案，与实际相符。并且海宁通过广泛而深入的宣传以及有效的考核奖励措施，在源头上培养了垃圾分类意识和习惯，保证了垃圾分类进程的不断推进。而在垃圾运输处理方面，将保洁员的薪水与每天可堆肥垃圾收集量挂钩，保证了保洁员的工作效率。并采用微生物发酵处置和工厂化处置两种模式完成了垃圾资源化，增加了村民的参与热情。同时，海宁每月还开展评议活动，通过评比鼓励各村之间相互学习、共同进步。在开展以上活动的同时，和其他地区一样，海宁也充分发挥了党员干部的带头作用，运用"3+X"的捆绑制度落实垃圾分类工作。以垃圾分类、美化环境为基础，海宁还进行了村庄功能布局的规划，开展星级美丽乡村建设，开发旅游业，将垃圾分类成果转成经济效益，进一步增加了村民的积极性。

海宁的经验告诉我们，垃圾分类是建设美丽乡村最关键的一步。海宁独创的星级美丽乡村创建工作向我们展示了垃圾分类与美丽乡村建设的高融合度，也为其他地区提供了一个新思路，并且堆肥垃圾的两种处理方式也具有可参考意义。

十、龙游：走向农村垃圾分类"2.0 时代"

关键词：政府；垃圾分类；共建共享；创新探索；贺田模式

 案例全文

2011 年，龙游县大街乡贺田村立足本村实际，经过一番艰难摸索，创造性探索出农村环境整治的"贺田模式"，村容村貌焕然一新，美丽乡村贺田走上了一条绿色发展之路，成为"绿水青山就是金山银山"实践的生动范本。

其后，垃圾分类贺田模式在龙游全县迅速推广、复制，一股全民共建共享的绿色风潮席卷龙游。在原有模式基础上，龙游积极创新工作思维，通过深化十万妇女学贺田、"村情通 APP+垃圾分类"和洁净家园等行动，不断推动贺田模式有机更新。

如今，龙游农村垃圾分类顺利转入抓两头（源头分类、终端处理）、促三化（垃圾减量化、资源化、无害化）为重点的全面深化阶段。一套源头分类可追溯、减量处理可利用、定点定时投放的保洁机制逐渐成形，以垃圾分类贺田模式2.0版本建设为契机，龙游稳步迈向农村垃圾分类"2.0时代"。

创新探索，助力贺田模式升级

发源于东华街道张王村的"村情通"手机APP软件，为垃圾分类"贺田模式"2.0版本的完善和推广插上了"互联网"翅膀。

2016年6月，张王村村支书袁平华在几个软件开发朋友的帮助下，开发出"村情通"手机APP软件。"软件操作简单，便于开展美丽乡村'贺田模式'垃圾分类、党员先锋和平安服务等工作。"袁平华说。在"村情通"APP上，每个村子均有属于自己的登录账号，打开"村情通"界面，村情通知、三务公开、评比栏、宣传学习、村民信箱等11个板块清晰明了。

一个"村情通"APP，便是一幅农村垃圾分类全景图，指尖点点手机，村里各项工作一目了然。农村是熟人社会，村民间相互熟知，"村情通"APP上，"随手拍""红黑榜""积分排行榜"等模块的设置，使村里形成了垃圾分类赶学比拼的浓厚氛围。有位村民得知自己上了"黑榜"后，感觉很失面子，因为白天在外上班不在家，夫妻俩便下班回来连夜清理垃圾，"垃圾分类从一项工作变成村民自觉意识，开展起来顺利多了。"袁平华说。

截至2017年8月，"村情通"APP已在龙游全县262个行政村全面推广复制，下载量达10万多（每户家庭中只要一个成员安装即可）。

街道秩序井然，房前屋后干净整洁，"垃圾分类，人人有责""垃圾分一分，环境美十分"等宣传标牌装点在绿化带边，在横山镇项家村，村民门口前的四包责任制牌及垃圾桶上均附着一个共同信息"二维码"。

原来，在龙游农村，每个农户都有自家独一无二的二维码，"二维码直接与'村情通APP'链接，便于实施二维码评分制度。'二维码'好比每个垃圾桶的二代身份证，与之前不同颜色编号的分类垃圾袋相比，更利于垃圾溯源。"龙游县农办工作人员说。

"垃圾是放错了地方的资源"，做好科学分类是基础，减量化、资源化、无害化处理是关键。为更好地提高垃圾资源的利用率，龙游以"终端＋就地减量综合利用"模式升级就地还山还田简单利用模式，根据当地经济状况，灵活采用一村一建或多村合建模式，累计投资 1000 余万元建设太阳能或机器堆肥房等终端设施，覆盖全县 40% 以上村庄。同时，针对垃圾分类后不会烂、垃圾中可回收垃圾资源化利用水平低的现状，龙游大力推进垃圾兑换超市建设，全县已建成 246 余家垃圾兑换超市，村民们根据积分情况，足不出村，便可兑换洗洁精、毛巾等日常用品。

全民行动，共建共享美丽家园

作为一场影响农村环境和乡村风气的绿色革命，垃圾分类意味着对农民原有生活方式的深度改造，如何从意识层面调动群众的主观能动性？如何充分发挥乡镇党员模范的带头作用？在龙游，垃圾分类的全民行动破解了这一命题。

龙游以创建垃圾分类达标村（示范村）为载体，结合十万妇女学贺田、乡韵庭院家风家训等行动，"白＋黑"、"5+2"广泛组织党员、村民代表、保洁员、妇女、老人等开展垃圾分类宣传、培训，做到乡镇不漏村、村不漏户、户不漏人。

妇女能顶半边天，十万妇女学贺田。一支强大的龙游巾帼铁军活跃在宣传一线，全县 5567 名巾帼志愿者上门指导垃圾分类，"学贺田，垃圾分类大家谈"等活动已呈常态化，与"五水共治""四边三化""三改一拆"等重点工作宣传"捆绑式"推进，妇女群体俨然是促进龙游农村环境整治工作的先锋力量。

在湖镇镇地圩村，宽阔整洁的入村道路——丹桂大道绿化带边，赫然立着一块"党员绿化卫生责任岗"标牌，村支书徐庭友是该路段的"路长"，负责绿化和清洁卫生管理工作。

"一个村子就像一个企业，每个人有不同分工。"徐庭友说。近年来，地圩村狠抓党建工作，充分发挥党员的带头作用。通过垃圾分类创新举措、包片联户宣传入户、党员先锋示范带头、村民代表参与督管等抓手，拓宽工作思路，首创垃圾分类"九步"工作法、党员"零积分"考评办法，在美化优化家园环境的同时，使干群关系更加和谐，由此衍生出的"党建＋金融""党建＋经济"等"党建＋"工作模式，成为龙游基层乡村探索治理模式创新的宝贵财富。

贺田村的垃圾分类工作从最初的艰难推进，升级到如今"互联网＋管理"、终端"三化"处理的 2.0 版本阶段，全国劳动模范、65 岁的贺田村村支书劳光荣感触颇多："村民随手丢弃垃圾的情况少了，群众文明卫生观念有了很大提高，农户门口垃圾乱堆乱放现象没了，村道整洁，绿化美观，连苍蝇蚊子也少见了，村民也致富了，七年的努力，值了。"得益于独特的环境优势和良好的乡村文明，贺田村产业从单一的农业，演变为以乡村休闲旅游、采摘游为支撑的产业，成为远近闻名的国家级生态村、浙江省文明村。

2016 年，龙游被评为"省农村垃圾治理优胜县"，垃圾分类贺田模式不断走向深化，可喜的是，越来越多的乡村走上了贺田式的绿色致富路，而这恰恰是垃圾分类和美丽乡村建设的根本目的。

截至 2017 年 8 月，龙游县完成 65 座有机垃圾分类处理终端设施建设，已创建达标村 242 个，占应分类村的 95.7%，其中，创建示范村 103 个，占应分类村的 40.7%，太阳能沤肥或机器制肥终端中心村覆盖占比 70.6%，建成垃圾兑换超市 246 个，配备分类垃圾车 283 辆，"村情通 APP+ 垃圾分类"全县推广。

资料来源：佚名：《龙游：走向农村垃圾分类 2.0 时代》,《浙江日报》2017 年 8 月 7 日，第 22 版。

 经验借鉴

龙游县贺田村立足于本村实际探索出了"贺田模式"，随后推广至全县并在推广中逐渐完善优化。先是将互联网引入"贺田模式"，通过"村情通"手机 APP 软件向村民们及时传递"村情"，并根据农村熟人社会的特点，在 APP 中设置了"随手拍""红黑榜""积分排行榜"等模块，通过"互联网监督"提高村民垃圾分类自觉意识，从而使垃圾分类行为成为村民的习惯。其次，村情通 APP 还便利了政府实施二维码评分制度，帮助了垃圾溯源工作，大大便利了工作管理人员。在垃圾处理方面，龙游以"终端＋就地减量综合利用"模式，提高了垃圾资源的利用率，并且根据当地经济状况合理布局终端设施。与此同时，龙游大力推进垃圾兑换超市的建设，努力提高村民参与垃圾分类的积极性。龙游县除了积极发挥党员带头作用，还积极运用第三方力量——尤其是妇女群体的力量进行观念宣传，并达到了意想不到的效果。

龙游县积极合理运用互联网的力量，根据农村社会特点，实现了村民在垃圾分类方面的自我监督、村民互督，是一个很好的思路和方法。从龙游县村情通 APP 在推进垃圾分类工作中的"成功"可见合理借助互联网的力量能够为垃圾分类工作带来意想不到的便利和效果。龙游县全民都参与进了垃圾分类的活动，并在环境美化后做到了村转型，真正实现了全民共建、全民共享。垃圾分类贺田模式也在推广和创新中越来越完善，具有很高的参考借鉴价值。

十一、农村生活垃圾分类的平湖实践

关键词：政府；垃圾分类；平湖模式；组织体系；科学分类

 案例全文

2017 年，浙江省第十四次党代会报告提出：今后五年，要在提升生态环境质量上更进一步、更快一步，努力建设美丽浙江，使"垃圾分类收集处理实现基本覆盖"。同时提出，深化美丽乡村建设，推行城乡生活垃圾分类化、减量化资源化无害化处理。面对农村生活垃圾的快速增长与建设生态美丽乡村之间的矛盾，平湖先行一步，以新仓镇为试点，开始大胆探索服务外包等模式，实施农村垃圾分类收集处置工作，朝着垃圾减量化和资源化目标不断前进，形成了具有创新特色的"平湖模式"。

新仓试点　打造农村生活垃圾分类"平湖模式"

垃圾桶，有两个；垃圾多，分类装；会烂的，扔右边；不会烂，扔左边……
2016 年，新仓镇以友联村、三叉河村两个村为"试点村"开始探索农村生活垃圾分类工作，这样既简单又蕴含农村生活垃圾分类知识的顺口溜就在农户中广为流传开来。
2017 年，新仓镇农村生活垃圾分类工作要实现从两个村到全镇覆盖，如何顺利地将试点村的工作推广至全镇？面对一系列的难题，平湖市将新仓镇农村生活垃圾分类收集处置项目列为全市破难项目之一，由平湖市农办主任邱志根"挂帅"担任破难小组组长。

2016年，新仓镇以两个村为试点，将闲置的猪粪处置中心改建成了垃圾资源化利用处理站，并配备了操作间、废料堆放点等，还建设了污水管网、供电等配套设施。"最终还是确定以原来的垃圾资源化利用处理站作为该镇唯一的一个生活垃圾分类处置点。"平湖市农办主任邱志根说，一方面是考虑到节约土地；另一方面是现有的垃圾资源化利用处理站具备再"接纳"生活垃圾的能力和空间。

在生活垃圾处置方面，新仓镇采用处置终端彻底服务外包的模式，引进了一台来自深圳市大树生物环保科技有限公司、日处理能力4吨的有机垃圾处理终端设备。添置终端设备方面，是考虑购买服务还是考虑购买设备？"以前采用购买服务的方式，设备的母公司会派驻工作人员参与到处置体系，而且负责设备的运维，可以减少后顾之忧。"破难小组的一席话，更加坚定了新仓镇继续沿用购买服务模式的决心。此后，新仓镇又添置了一台日处理能力4吨级的有机垃圾处理终端设备。

农村生活垃圾分类作为一个大课题，包括建立以农户源头分类、过程分类收集的收运体系。2017年，破难小组成员紧扣"源头分类"这一关键环节专门制定了宣传册、宣传片向农户们分发、播放，不断提高农户的分类意识。

2017年8月的一天，三叉河村的村民张友祥拿到了村里发来的毛巾和脸盆，这是村里上个月对他家生活垃圾分类正确的奖励。自2016年三叉河村开展生活垃圾分类试点以来，经过不断地宣传发动，像张友祥这样每个月拿到奖品的农户越来越多，而了解了垃圾分类的重要性后，他还主动当起了志愿者向其他村民宣传相关知识。

如今在新仓镇的农村，每家每户都有一个一体双桶的垃圾桶，绿颜色的桶放可堆肥（可腐烂）的垃圾，灰颜色的桶放不可堆肥（不可腐烂）的垃圾。垃圾分类投放后，垃圾收集员会对垃圾进行分类收运，可堆肥垃圾统一收集后经过发酵处理变成有机肥，广泛用于葡萄、苗木、番薯等农作物的种植，实现垃圾资源再利用。这些原本需要付出巨额成本焚烧的垃圾，经过分类处置后，变成了可再生利用资源。

在新仓镇试点的基础上，平湖市2017年提出行政村农村生活垃圾分类收集处置工作要实现 100% 全覆盖的目标。

广陈镇 "三到位"推动垃圾分类处理全覆盖

自 2016 年以来，广陈镇坚持加大投入、加强宣传、加快推进，以"三个到位"工作要求扎实推动农村生活垃圾分类处理工作全覆盖，取得显著成效。截至 2017 年 8 月，全镇 4000 多农户实现农村生活垃圾分类处理，平均每天收集无害化处置生活垃圾达 4.5 吨。

首先，组织保障到位，实现分类处理全覆盖。

组织体系健全，工作氛围浓厚。建立健全镇、村、组三级工作组织体系，全面推进农村生活垃圾分类处理。镇级层面成立由镇长任组长，分管镇长任副组长，环卫所、综合执法等部门为成员单位的领导小组。村级层面成立由各村主任任组长，分管负责人为工作联系人的工作小组。全镇 160 多个村民小组由小组长担任日常联络员，切实抓好农村生活垃圾分类源头处理工作。

保洁队伍稳定，工作基础扎实。建立起一支 120 多人的农村生活垃圾分类处理专业化保洁队伍，对农户餐厨垃圾、废弃农作物、杂草、水生植物等进行常态化收集。垃圾分类收集工作采取分片包干形式。根据合理计算，确定每名保洁人员包干 50~80 户农户，实现了全镇近 50% 农户生活垃圾分类回收工作覆盖面。

其次，资金技术到位，推动分类处理科学化。

资金保障有力，工作推进顺利。实行镇财政补助，村配套的资金筹集方式，形成镇积极指导、村主动推进的工作格局。同时，通过向每位村民收取 12 元 / 年的服务费，进一步增强农户的参与意识、配合意识，形成政府主导、群众支持并且主动参与的工作形势。2017 年 1~8 月，全镇安排农村生活垃圾分类处理专项资金 110 万元，各村配套投入近 60 万元，切实保障了整项工作的顺利推进。

技术设备先进，工作成效显著。注重设备采购和更新，以先进机械设备和处理技术为支撑扎实开展农村生活垃圾分类收集后的资源化利用工作。2017 年 1~8 月，广陈镇设置 11 个村级农村生活垃圾桶换桶中转站，引进 1 台日处理能力为 5 吨的垃圾资源化处理设备，配备 30 多辆垃圾运输车，合计投入金额达 160 多万元。

最后，考核监管到位，确保分类处理长效性。

健全考核制度，工作注重实效。完善相关考核办法，发挥考核指挥棒作用，进一步提升基层农村生活分类处理工作实效。将此项工作纳入镇对村年度考核，增强各村工作开展的主动性和责任心。制定保洁队伍考核办法，将垃圾分类收集保洁员收入与收集数量、镇村考核打分相挂钩，拉开差距、突出实效。保洁人员收入基本稳定在 2000 元 / 月以上，收入最高与最低的差距在 5000 元 / 年左右，良性的竞争氛围进一步激发保洁员工作热情。

实行联合监督，工作讲求长效。将镇级督察、村级巡查、村民监督有机结合，实行联合监督，确保了农村生活垃圾分类收集处理工作的长效实施。抽调镇环卫所、综合管理中队、美丽乡村督察组等人员进行考核打分，每两周对各村生活垃圾分类收集工作进行入户调查和评分。组织各村老党员、退休老干部、红领巾、社工、志愿者等组成动态巡查组，对生活垃圾分类收集工作开展常态化巡查，发现问题在垃圾分类微信工作群里挂号督办。同时，将农村生活垃圾分类收集处理工作要求写入各村的村规民约，提高广大村民垃圾分类意识，引导村民参与日常监督。2017 年 1~8 月，开展定期调查评分10 次，日常动态巡查 21 次，有力推动了长效化开展农村生活垃圾分类收集处理工作。

让垃圾分类，改变生活方式　改善生活环境

人们常说垃圾是放错地方的资源，可是真要把这些资源放对地方其实并不容易。平湖通过边试边推，边推边改，把这项工作作为改变生活方式、改善生活环境的长期工作来抓，统一思想，达成共识。

通过项目试点，为农村垃圾分类收集处置提供了技术支撑。

2015 年开始，平湖市先后有野马村、三叉河村、姚浜村等 7 个行政村列入省级农村生活垃圾分类试点项目，龙萌村、高新村 2 个平湖市级试点项目。9 个试点项目共探索了 2 种运行模式和 3 类技术模式，野马村、钟埭村、姚浜村、兴旺村、星光村等以村为单位，建设了村级自主运行模式的日处理 500千克小型处置设备；新仓三叉河村和友联村、广陈龙萌村和高新村以镇为单位，建立了镇级服务外包运行的日处置 4~8 吨大型处置设备；野马村、钟埭村采用了北京国井公司微生物快速堆肥技术，广陈镇、新埭镇采用了华庆元

科技公司的微生物快速降解和污水一体化处置技术，新仓镇采用了深圳大树公司的微生物快速堆肥技术，这三种技术都符合省里的技术要求；从试点项目运行情况看，总体效果是好的，各试点村基本建立起了分类投放、分类收集、分类运输、分类处置的体系，为面上推广提供了有效的技术支撑。

通过镇域全覆盖试点，为全市行政村全覆盖积累了经验并提供了样板

按照农村生活垃圾减量化资源化分类收集处置工作实施方案，平湖选择了新仓镇开展全镇域农村垃圾分类收集处置全覆盖试点工作，2017年3月开始，新仓镇启动了全覆盖工作，建立了镇主要领导任组长的工作班子，在处置点选择、服务外包采购、运输车辆改造、收集队伍培训、农户分类模拟、村规民约修订、考核奖励机制建立等软硬件建设和体制机制建立等方面进行了系统性探索研究，基本建立了一套符合镇村实情的农村垃圾分类收集处置运维模式，为全市面上行政村全覆盖提供了很好的技术模式和管理经验，新仓的试点经验得到了嘉兴农办和省农办的肯定。

资料来源：朱凤娟：《农村生活垃圾分类的平湖实践》，《浙江日报》2017年8月7日，第23版。

 经验借鉴

平湖市通过垃圾分类镇域全覆盖试点，为全市行政村全覆盖积累了经验并提供了样板，创造了属于平湖的垃圾分类"平湖模式"。不同于单单只购买终端设备，新仓镇采用了处置终端彻底服务外包的模式，在购买设备的同时还购买了服务，不仅保证了专业性还减少了后顾之忧。在保证了基础设施之后，破难小组还着重于垃圾分类意识的宣传，做到了精神层面工作的跟进，为垃圾分类工作保驾护航。和其他地区一样，试点村里也有采用奖励政策来激励村民垃圾分类积极性的举措，潜移默化地培养村民的垃圾分类意识。而在组织制度层面，平湖建立健全镇、村、组三级工作组织体系，健全考核制度，为全面推进农村生活垃圾分类处理提供效率和质量保障。平湖还采用了联合监督模式，引导村民参与日常监督，实现村民自我监督，真正落实农村

垃圾分类。为保障垃圾分类工作的进行，平湖在给予了充足的资金支持的同时，通过向每位村民收取 12 元 / 年的服务费，不仅略微减轻了财政压力，还进一步增强农户的参与意识、配合意识，形成良好氛围。

平湖市试点村镇通过终端服务外包、完善组织体系、建立特色考核和联合监督制度以及提供充足资金技术支持，保证了垃圾分类工作的质量，推进了垃圾分类工作的进行，并为全面铺开农村垃圾分类工作提供了宝贵的经验。其他地区在进行垃圾分类工作时也可以像平湖一样，在垃圾分类工作"通用步骤措施"中加入自己的思考和经验。

十二、宁波海曙区：农村垃圾分类有"三新"

关键词：全民路线；科技化；智能化

 案例全文

剩菜剩饭、果皮纸壳、废旧物品……对于日常生活中产生的垃圾，分类处理到底有何益处？ 2018 年，在浙江宁波市海曙区的环卫展示厅里，"跟着垃圾去旅行"的生动讲演让 30 多位前来参观的古林镇村民开了眼界，也坚定了他们做好垃圾分类的信心。短短半个月，参观的群众已超过数百人，取得了良好的社会效果。

2013 年，海曙区率先在宁波市开展生活垃圾分类试点工作，坚持走全民路线。在取得城区居民小区垃圾分类收集覆盖率超八成的成绩后，2016 年年底，海曙区开始在更广袤的农村做实"宣传引导""制度建设""队伍建设""载体建设""示范引领"五篇文章，打造了全民参与垃圾处理的"乡村升级版"。

点子新拉高村民参与率

"发给大家的垃圾分类桶都要用起来呀，剩菜剩饭放绿色桶里，其他垃圾放进黑色桶……"横街镇惠民村党支部书记郑卫才带领环境卫生监督员，挨家挨户地给村民们上门教学。郑卫才告诉大家，今后村里还将出台"积分制"奖罚措施，对垃圾分类做得好的村民给予一定奖励。

"经济高速发展的同时，垃圾围城的困境越来越明显。海曙区每天产生1300余吨垃圾，农村地区占了大头。"海曙区综合行政执法局副局长谢跃伟说，提高村民的垃圾分类参与率是开展工作的关键。

垃圾分类工作推进一年多，在各级党委政府持之以恒的宣传发动之外，基层干部群众群策群力，"垃圾变花肥""志愿者包干区"等曾在城区很实用的"金点子"，在乡村有了升级版。

宁波海曙区龙观乡为当地居民入户发放垃圾分类桶，新式垃圾分类桶上标有"可腐烂"和"不可腐烂"字样。

从2017年开始，集士港镇陆续在各村挨家挨户地发放一种新潮的家用分类垃圾桶。"垃圾桶为双格式，叫回收和不可回收两个垃圾桶均套在一个底座上，桶身上画着简单易懂的分类指导画。"集士港镇环卫站站长周锡平说，分类的同时，全镇还实施"一把扫帚扫到底"的管理方式，由环卫公司统一保洁、收集、清运、处理、养护，让农村地区的生活垃圾不再因"多头管"变成无人管。

2018年，海曙区共有近百个村庄实施垃圾分类，其中龙观乡、鄞江镇和横街镇率先实现了农村垃圾分类全覆盖。

横街镇有28个建制村。2017年，镇里出资为1.6万户村民购买了垃圾桶，还打造了81个"高大上"的太阳能垃圾亭。"垃圾亭放置有可回收、有害等4个醒目的垃圾桶，让村民告别了所有生活垃圾'一袋装''一桶倒'的处置方式。"主管垃圾分类工作的镇总工会主席周燕娜说，今后村民投放生活垃圾，可将各类垃圾扔到对应的垃圾桶。加之太阳能环保发电，保障了夜间照明，方便村民投放。

"配置生活垃圾分类收集设施只是开始，要让村民养成垃圾分类投放的习惯，要做的事情还有很多。"周燕娜说，镇里计划组建垃圾分类指导员队伍，像城里的小区一样有专人定期上门指导。

"我们镇的志愿者和工作人员经常到村民家中宣传垃圾分类工作，并根据现场情况打分登记，做得好的家庭到了年中和年末可以换取小奖品。"集士港镇工作人员张琦说，他们试点用一本"绿色账本"激发大家参与垃圾分类的热情。这个新颖的形式，正是该镇明馨社区党支部书记沈红娟从城区社区带来的经验。

垃圾分类，作为一项巨大的社会民生工程，光靠政府的行政力量远远不够。海曙的实践表明，群策群力、方法对口就是推动垃圾分类工作增速提质的办法。海曙区生活垃圾分类办相关负责人任海芳表示，垃圾分类的"金点子"正逐渐破解着"垃圾围村"大难题。

设备新智能化锦上添花

除了做好垃圾分类的基本功之外，海曙区更依托强大的信息化家底，借助互联网技术，让垃圾分类效率更高。

"扫一扫二维码，领取垃圾袋；废旧物品投递，重量自动显示；垃圾分类正确，返还兑换积分……"高桥镇民乐村的村民在安丰社区参观了垃圾分类智能化运作模式后，一个劲儿地催促带队的村干部，希望这样的先进经验早日"下乡"。

安丰社区工作人员向村民介绍说，这台智能可回收垃圾投放箱可以接收纸张、玻璃、金属、塑料四类可回收垃圾。居民只要下载并注册相关 APP，再选择点击对应投放废品类别，就可以扫码进行投放。完成投放后，还有称重和兑换环节。如果投放箱被装满了，后台会及时提醒，便于工作人员清空。

"垃圾请分类。"在集士港镇文体广场锻炼身体的郑阿姨刚想把一个矿泉水瓶投进垃圾箱，却惊奇地发现眼前的垃圾箱不仅"颜值高"，还会发光发声。原来，这是集士港镇斥资投放的太阳能环保型垃圾箱。

首批 20 个太阳能环保型垃圾箱放置在该镇文体广场、市民中心及道路两旁。当市民投放垃圾时会发出"垃圾请分类"的语音提示；垃圾箱能实时感应垃圾数量，当垃圾快满时就进行自动压缩；由于采用太阳能光伏清洁能源，箱体在晚上也能发光发声。

海曙区加快了垃圾分类智能化建设步伐，通过引入"专业企业＋专职人员＋智能设备"的新模式，破解服务人员不足、专业化程度不高、居民指导不足的"三不短板"，也为下一步推进其他地区开展智能化垃圾分类工作做好了试点和标本。

"智能化除了亮点，更少不了面上的推进。"谢跃伟说。2018 年开始，海曙区加强了生活垃圾减量与分类收运体系"智能化"建设工作，逐步推广垃圾分类信息化服务和手机 APP 操作系统普及率，让有害垃圾、可回收垃圾、厨余垃圾、其他垃圾四类垃圾独立收运体系运转更完善，实现农村生活垃圾分类、投放、收集、处置一体化，建立完善的农村生活垃圾减量化、资源化、无害化处理长效机制。

处理新变废为宝成闭环

垃圾源源不断，处理和填埋的压力越来越大，废物利用的意义就变得尤为重要。

"以后，家里用剩的酱油瓶都不舍得扔了，攒起来可以兑换牙膏，多好啊。"2018 年上半年开始，柳锦社区的居民们都在互相传递着这个好消息。原来，该社区试点打造宁波首个废玻璃资源再生小区。今后，社区居民可以将用剩的各类玻璃制品拿到社区兑换，而社区将积累一定数量的废玻璃运往专门的玻璃制品企业，完成废玻璃回收利用，变废为宝。

说起废玻璃可以回收再利用，有人会感到吃惊。事实上，碎玻璃料回收后，是生产玻璃珠、玻璃砖、人造玻璃工艺品的好材料。承接此次试点工作终端环节的宁波长利风玻璃制品有限公司总经理杨荣定表示，居民把玻璃当垃圾扔掉后，会给后续处理带来不利，因为废玻璃填埋后无法分解，还占用场地，选择焚烧也不容易被处理，甚至有些玻璃中含有重金属，反而污染环境。"通过对废玻璃进行回收和再利用，不但有经济效益，更有重大环境效益。"杨荣定表示，公司目前每年可以"吃掉"来自宁波乃至周边省市的 3 万多吨废玻璃。

垃圾"回炉"变废为宝，正成为海曙探索形成垃圾分类闭环效应、完善终端处理的题中之义。如今，"点废成金"的循环经济模式在海曙涌现着巨大商机。位于高桥镇岐阳村的宁波胜达墙体材料厂，每天有上百吨的建筑垃圾回炉变身为一块块齐整的混凝土砖块，实现建筑垃圾循环利用；宁波明州环境能源有限公司用高标准的先进技术每天将 2250 吨垃圾变成 80 多万千瓦时电能……

垃圾处理不光在工业领域大放异彩，在农业生产中亦被广泛应用。天胜农场通过微生物发酵技术，将畜禽粪便与杂草、秸秆以及残渣剩料等农业垃圾进行混合堆肥发酵，制成微生物发酵肥，为植物提供养分的同时可促进植物生长。

垃圾分类不仅能有效提升农村人居环境，还能成为美丽乡村的一道亮丽风景。

资料来源：曾毅：《宁波海曙区：农村垃圾分类有"三新"》，《光明日报》2018 年 5 月 2 日，第 007 版。

 经验借鉴

农村居民的环保意识较弱以及教育水平较低往往是垃圾分类政策难以推行与实施的阻碍之一，而海曙区针对农村生活垃圾分类相对薄弱的现状，制定了一系列完善有效的措施，让垃圾分类成为农村日常生活必不可缺的一部分。

该案例值得借鉴的是在农村推行垃圾分类措施过程中强调两字："简"与"全"。

"简"意味着分类应当简单化，如设置可手机 APP 操作的智能可回收垃圾投放箱，接收纸张、玻璃、金属、塑料四类可回收垃圾，逐步推广垃圾分类信息化与提高分类效率。挨家挨户分发双格式垃圾桶，该款垃圾桶款式新颖，套在一个底座上的可回收和不可回收两个垃圾桶、简单易懂的插画能让居民正确快速地进行垃圾分类。

"全"意味着路线应当全民化，广泛开展垃圾分类宣传教育，深入居民家庭进行一对一的指导教学与立体式推进垃圾分类的宣传工作，提高居民的垃圾分类意识，加深对其了解。通过建立合理的"积分制"或者奖励制度以及引入"专业企业＋专职人员＋智能设备"的新模式，营造舆论氛围，积极动员居民进行垃圾分类，提高居民的垃圾分类参与率。联合部分相关生产型企业，对产生的垃圾进行无害化与循环利用处理，逐步形成垃圾分类闭环效应，实现社会经济发展与环境保护"双赢"。

此次成功得益于两点，即政府投入资金、人力与物力，扎实推进垃圾分类基础建设；基层干部与百姓"金点子"频出，积极配合宣传与落实工作。正是因为以上的有效保障让垃圾分类这项民生工程能在海曙区逐步完善。

十三、城镇生活垃圾分类阔步迈向新征程

关键词：垃圾围城；"政府＋市场"协同；保护环境

 案例全文

滚滚向前的城市化浪潮，在推动城市文明进步的同时，也造成了"垃圾围城"这种城市发展的困局。如何破解"垃圾围城"难题，寻求城市发展速度与质量的平衡，使城市更好地安放人们的美好生活，这是当代人不可回避的时代之问。

多年来，浙江省以"绿水青山就是金山银山"发展理念为指导，稳扎稳打，全面破解生态与发展的命题，一场如火如荼的生活垃圾分类绿色革命成为提升城市气质和居民生活品质的关键落子。

全盘统筹，布局美丽浙江

城镇生活垃圾分类是一项复杂的系统性工程，具有很高的公共话题性和社会关注度，涉及多部门协作，统领全局的顶层设计和智慧布局至关重要。

不谋全局者，不足以谋一域。在浙江，高起点谋划、高标准要求、高质量推进垃圾分类工作早已成为美丽浙江建设的题中之义，垃圾分类革命的绿色劲风一刮起，与之相匹配的制度体系建设便开始同步完善。

早在 2010 年，浙江省便在杭州市率先推行垃圾分类试点。2015 年，浙江省各设区市全面推开垃圾分类工作，省政府将"设区市城区生活垃圾分类收集覆盖面达到 50%"作为民生实事项目，对各市进行考核。到 2017 年底，全省设区市城区生活垃圾分类收集覆盖面超过 70%，县以上城市生活垃圾无害化处理率达到了 99.9% 以上。

随着全省末端分类处置促进前端分类长效推进成为主流，2017 年出台的

《浙江省生活垃圾无害化处理设施建设"十三五"规划》提出了新的工作目标。

一张蓝图，交出美丽浙江破解"垃圾围城"命题的时代答卷，围绕垃圾分类顶层设计，各地因地制宜，形式多样的制度化创新迅速呈现百花齐放之势。

杭州市建立并完善了生活垃圾治理法规、政策体系，系统推进分类投放、分类收集、分类运输和分类处理。截至 2018 年 3 月，全市开展垃圾分类生活小区 2031 个，各类机关、企事业单位 1827 家，分类覆盖面达到 85% 以上，实现分类覆盖范围稳步扩展、分类质量持续提高、市容环境有效改善，顺利入选全国第一批生活垃圾分类示范城市。

连续 3 年，宁波市召开了生活垃圾分类处理与循环利用工作推进大会，与各区（园区管委会）以及有关部门（单位）签订了责任状，明确年度工作任务。2017 年 7 月，《宁波市党政机关等公共机构生活垃圾强制分类实施方案》正式颁布，宁波垃圾分类进入"强制化"推进阶段。

在嘉兴，自 2017 年 10 月 1 日起，嘉兴市正式推行市区城镇生活垃圾分类，并发布了三年行动计划，截至 2018 年 3 月，市区垃圾分类覆盖面已经达到 78%。

湖州市相继出台了《湖州中心城市小区生活垃圾分类示范性试点实施方案》《2017 年湖州中心城市生活垃圾分类工作考核办法（试行）》等一系列方案、办法之后，实施"三年三步走"战略（精准分类试行年、精准分类推广年、精准分类提升年），致力于推进垃圾分类精细化发展。

2018 年，浙江城镇垃圾分类制度体系再次表现出自我完善、自我更新的旺盛生命力。党的十九大报告提出"加强固体废弃物和垃圾处置"，自 2018 年 4 月 1 日起，《浙江省城镇生活垃圾分类管理办法》正式实施，提出县级以上人民政府将生活垃圾分类纳入国民经济和社会发展规划。与此同时，任何单位和个人都有按照规定分类投放生活垃圾的责任和义务，违者不仅面临处罚，还可能被记入信用档案。这意味着浙江省垃圾分类向精细化、法制化方向更迈进了一步，为各地市深化城镇垃圾分类提供了科学遵循和参考。

模式创新，高质量走在前列

根植浙江这片改革创新的沃土，看似枯燥的垃圾分类工作，注定会出现丰富多彩的表现形式。近年来，各地垃圾分类创新模式不断涌现，形成了一股浓郁的垃圾分类工作创新氛围。

为破解垃圾分类不精细、居民参与度不高的痛点问题，2017 年 12 月底，湖州在该市南园小区二期实施垃圾分类"南园模式"。通过营造文化氛围，专业辅导员对居民跟踪辅导、天天督导，以及相应的制度配套建设，打通了垃圾分类意识引导、制度保障、精确指导等各个环节。在该模式中，从"三站三定二进楼"为核心内容的制度体系是重点，责任主体的唯一性则是保障力量。

"'三站三定'是指定期辅导的绿色环保站、定人督导的易腐垃圾收集站、定点收集的大件废弃物中转站；'二进楼'是辅导员进楼进行精准分类跟踪辅导，专管员进楼道每天验收易腐垃圾分类质量。"湖州市垃圾分类办相关负责人介绍，截至 2018 年 3 月，该小区居民分类参与率达 92%，准确率持续保持在 99% 以上。

杭州市针对"垃圾分，混装运"的顽疾，把垃圾运输车辆刷成与分类桶一致的颜色，绿色车辆只运输生活垃圾，黄色车辆运输其他垃圾，白色车辆负责混合垃圾，从车辆颜色上进行区分，方便群众监督，从运输端推进垃圾分类精确化。

促进垃圾资源化、无害化处理既是保障垃圾处理效果的关键一环，也是完善垃圾分类产业体系的重要着力点。浙江省在垃圾分类终端处理的成功创新探索，不仅在省内有较强的可复制性，也为全国树立了新的典范。

曾几何时，餐厨垃圾处理是制约台州垃圾分类工作的一个"短板"，全市产生餐厨垃圾约 640 吨 / 日，部分混杂在生活垃圾中进入填埋场或焚烧厂处理，给处理终端设施带来了一定压力。

2017 年 9 月，台州引进黑水虻生物技术结合物联网技术处置餐厨垃圾，仅用一个月时间，便在椒江区葭沚街道水门村建成餐厨垃圾生态化智慧处置示范园，日处理规模达 20 吨 / 天，通过这种模式，餐厨垃圾最终转化为黑水虻虫体和虫粪，成为禽鱼养殖和农业种植所需的高级有机肥，实现生态化和资源化处置。该模式在全省尚属首创，目前，示范园被住建部确定为全国生活垃圾处理终端公众开放点。

2017 年以来，衢州市探索出"垃圾再生馆"新模式，群众可通过手机 APP 或 114 "一键呼叫"下单，享受垃圾上门回收、清运、兑换一条龙服务。再生馆将可回收垃圾分为旧家电、旧家具、电子产品等 11 大类，回收后二次细分至 20 余种，按类别提供给再生资源公司利用。旧衣物等较优物品清洗消毒处理后捐赠给社会爱心公益组织。对不可回收的垃圾，如餐厨垃圾，则联合专业公司利用技术手段制成"绿肥"，实现循环利用，破解前端厨余垃圾无处去、终端回收公司"吃不饱"的难题。而油漆桶、农药瓶等常见的有害垃圾，再生馆则定期交由医疗和固体废弃物集约化处理中心处理，在实现垃圾减量化的同时，从源头上避免了有害垃圾流入填埋场，实现安全处置。目前，衢州城区垃圾再生馆已实现全覆盖。

与"互联网+"元素深度融合，探索垃圾分类智能化发展之路，也是浙江省垃圾分类模式创新的一大特征。

手机扫一扫二维码，就能领垃圾袋；废旧物品投放，重量自动显示；垃圾分类正确，返还兑换积分……2017 年 7 月，海宁长安镇（高新区）首批智能垃圾分类设备正式启用，通过"一户一码"实名制追踪到户；宁波市通过厨余垃圾专用袋上的二维码数据关联居民家庭，并以扫码拍照评级的方式核查厨余垃圾分类质量，建立居民家庭分类行为和分类质量档案，以便开展精准指导；杭州市区则在 127 个小区开展二维码、物联网等智能科技手段的智慧垃圾分类试点。

前端精准分类、中端智能化操作、终端无害化处理，走在前列的浙江城镇垃圾分类正多点开花，呈现精细化、高质量发展趋势。

协同共建，长效运维促文明

垃圾分类是文明的问题，归根结底是人的问题。因此，在推进垃圾分类过程中，充分发挥公众主观能动性，形成政府、市场、公众多方联动的垃圾分类现代治理新格局，是确保该项工作告别无序、迟滞，实现长效运维的关键所在。

《浙江省城市垃圾分类"十三五"规划》明确指出，"仅靠政府财政补助推动垃圾分类，难以做到可持续发展，急需确立市场机制，充分发挥企业在分类处理中的主体作用。"近年来，浙江各地市积极引入第三方力量，以市场化操作模式，调动居民参与热情，盘活垃圾分类产业活力。

"打个电话，回收员就上门，垃圾分类还能换钱，老百姓的热情当然高！"从有偿分类回收中得到真切实惠，杭州市下城区潮鸣街道艮园社区鲁大妈忍不住点赞。2017年5月起，杭州市潮鸣街道引入垃圾分类服务企业浙江九仓再生资源开发有限公司，以有偿回收促垃圾分类。试点两个月，便累计回收生活垃圾60余吨，吸引1000多户居民踊跃参与，小区垃圾减量达20%左右。在杭州其他街道，企业有偿回收厨余垃圾的"金甲虫"模式、企业督导垃圾分类的"洁来雅"模式等纷纷试点落地。

在宁波，宁波市厨余厂、餐厨厂和海曙区焚烧厂均采用PPP模式由社会资金独立（或与国有资本合作）投资、建设、运营，筹集社会资金达17.56亿元。与此同时，宁波与河海大学合作成立了"宁波市生活垃圾分类政府管理和社会参与机制研究基地"，重点研究和探索社会参与机制，吸纳社会智慧服务全市垃圾分类工作。

垃圾分类与人民群众的生活获得感和幸福感休戚相关。人民群众从垃圾分类中得到实惠，自觉自愿参与其中，为浙江城镇垃圾分类走向精细化、高质量提供核心动力支撑。

在浙江，从衢州的衢江之畔到嘉兴的寻常巷陌，从海上舟山到时尚之都温州，全省2万多名志愿者活跃在城市的各个角落，他们将对城市的爱转化为参与垃圾分类的热情，"小手拉大手"，传播垃圾分类知识、分拣公共场所垃圾、创作脍炙人口的垃圾分类宣传作品，他们是这场绿色革命的有力推动者，也是城市文明进步的最好见证者。

2018年3月2日，由浙江省建设厅、共青团浙江省委、浙江省文明办联合各地市共青团共同组织举办的"小手拉大手"垃圾分类志愿者服务行动拉开大幕，这一天，志愿者们向新时代发出春天的邀约，奏响城镇生活垃圾分类新乐章。

垃圾分类是一场没有尽头的文明历程，与城市发展和社会进步相伴相生。在这场漫长的征途上，浙江始终以弄潮儿的姿态走在前列，垃圾分类的浙江经验不断被赋予新的时代价值，为中国生态文明发展增添新的浙江注解。

资料来源：陈爽：《我省城镇生活垃圾分类阔步迈向新征程》，《浙江日报》2018年3月5日，第12版。

 经验借鉴

浙江省垃圾分类措施推行的过程中值得借鉴的经验是前端精准分类、中端智能化操作、终端无害化处理、措施法制化。

通过专业辅导员进楼跟踪辅导以及监督，配以相关完善的制度，如定期辅导、定点收集以及定人监督，提高居民垃圾分类意识、准确度以及参与，实现前端精准分类。杭州市将垃圾运输车辆刷成与分类桶一致的颜色，方便群众监督，实现运输精准分类。

依靠浙江省先进的科技水平，将垃圾分类与"互联网＋"元素深度融合，如衢州市群众可通过手机APP或114"一键呼叫"下单，享受垃圾上门回收、清运、兑换一条龙服务；宁波市通过厨余垃圾专用袋上的二维码数据关联居民家庭，核查厨余垃圾分类质量，建立居民家庭分类行为和分类质量档案；杭州市区则在127个小区开展二维码、物联网等智能科技手段的智慧垃圾分类试点。此类措施借用互联网的力量，提升居民垃圾分类的效率，实现垃圾分类中端智能化。

台州引进黑水虻生物技术结合物联网技术处置餐厨垃圾，餐厨垃圾最终可转化为黑水虻虫体和虫粪，为第三产业提供高级有机肥，实现垃圾终端智能化和无害化处理。

对于经济水平以及城市化水平较高的省市，全面统筹、步步推进以及强调"智能化""精准化"是至关重要的。

十四、农村垃圾分类"绿色革命"

关键词：绿色革命；两分法；垃圾减量

 案例全文

垃圾分类，很多城市还没有做到，但在浙江金华市的农村早已变为现实。金华市以农村为突破口掀起"绿色革命"，推行垃圾分类减量，探索出一条以垃圾分类减量为主的农村人居环境治理新路。

农村垃圾怎么分类

金华借鉴了城市垃圾分类的经验，从农村人口居住分散、受教育程度不高的实际出发，秉承简单、就近的原则，探索出实用的农村垃圾处理方法。

金华地处浙中盆地，农村垃圾一直实行"户集、村收、镇运、县市处理"的模式。2015年，金华市每天产生的生活垃圾约900吨，其中540吨来自农村，且以每年15%的速度增长。按照市区垃圾填埋场的库容静态推算，不到6年时间将全部饱和。

为破解"垃圾围城"困局，2014年5月，金华市率先以农村为突破口，力争从源头上减少污染，实现垃圾资源化利用。金华市政府相关领导表示，选择农村进行试点的主要原因是综合效益更高、可操作性更强。农村有垃圾堆肥的传统，在农村推行垃圾分类减量，既可以就地沤肥、就近还田，还可以节省大量运输、处埋费用，综合效益比城市更加明显。

垃圾减量，分类是第一步。金华市借鉴国内一些正在推广城市垃圾分类的经验，因地制宜采取"两分法、四处理"的优选模式，最大的特点是简单、就近。

所谓"简单"，就是"两分法"。采取农户一级分类＋村二级分类的模式，农户一级分类非常简单，就是俗称的"能烂"和"不能烂"两类，可回收利用垃圾由农户自行处理。村二级分类，解决农户一次分类不到位的问题，保洁员对集中回收的垃圾，按可沤肥、可回收利用、有毒有害、其他的标准分为四类。

所谓"就近"，就是要适应农户居住较为分散的现状，实行垃圾就近处理。处理环节分为四类：可回收垃圾由废品收购站有偿回收，有害垃圾每村设立统一回收点，有机垃圾沤肥处理，其他垃圾按原模式填埋或焚烧。

金东区澧浦镇是金华市率先试点农村垃圾分类减量的乡镇。"农村里大多是老人、妇女和孩子，文化程度不高，如果跟他们说可回收、不可回收，不一定听得懂、分得清。但会不会烂，一听就明白。"金东区相关负责人说，"两分法"通俗易懂，符合农村实际。

分好的垃圾去哪里

堆肥是垃圾减量的关键环节，澧浦镇除了利用太阳能垃圾减量处理房解决堆肥问题外，还建设了占地 1500 多平方米的镇区垃圾处理中心，利用机械高温发酵技术，将垃圾处理成有机肥。

澧浦镇后余村有 155 户村民，家家门前都有垃圾桶。灰色的桶里扔塑料瓶等"烂不掉"的垃圾；绿色的桶里扔一些容易腐烂的蔬菜果皮、厨余垃圾。

分类的目的是为了减量。

村民把垃圾按类分好之后，保洁员的任务就是在送到垃圾减量处理房之前，重新检查"再进行一次分类"。

后余村的垃圾减量处理房按统一标准建设，长 10 米、宽 3 米，混凝土浇筑，分成 3 个房间，其中一间存放不易腐烂的生活垃圾，另外两间存放容易腐烂的垃圾，称为"沤肥房"，顶上用的是透明钢化玻璃，可以通过阳光照射，加快发酵。

太阳能堆肥房投资省钱，运行成本低，不足之处是出肥慢，堆肥过程中会产生蚊蝇和臭气。为解决这一难题，金华市利用浙江大学研发的好氧堆肥加微生物辅助技术，垃圾堆肥时间从 6 个月缩短到 2 个月。

堆肥是垃圾减量的关键环节。截至 2015 年 5 月，金东区通过"一村一建""多村联建"等方式，已经为 442 个村庄配备了 305 座太阳能垃圾减量处理房，实现了全区农村垃圾分类全覆盖。原来大部分村庄垃圾外运的次数是每天一次，现在延长为半个月或一个月一次，一年减少垃圾 6 万吨。

2015 年 4 月 20 日，一个占地 1500 多平方米的镇区垃圾处理中心在澧浦镇投入使用。据称，这是比"沤肥房"更加先进的机械高温发酵技术，垃圾只需 24 小时就能处理成颗粒有机肥。每天能处理 1 吨垃圾，跟原有太阳能垃圾减量处理房共同使用，满足 8000 人垃圾处理需求。

金华市建立了一套多元化的资金筹集模式：政府引导、社会参与、农民主体。市本级财政对各区农村生活垃圾分类减量给予奖励补助，其中终端处理设施每个行政村一次性补助 5 万元，其他配套设施按人口一次性补助 20 元，每年安排长效管理资金 2000 万元，区级财政同时按 1∶1 配套。在此基础上，设立"共建美丽家园"维护基金，农户每人每年自愿上交 10~30 元，商户每年上交 200~500 元，还有部分企业的捐助，用于垃圾分类的长效实施及农户的奖励。

金华市政府相关领导表示，垃圾分类需要政府投入的资金主要有两笔：一是太阳能垃圾堆肥房、分类垃圾桶、垃圾车等硬件设施，平均每个村一次性投入 11.2 万元。二是保洁员工资、堆肥房设施维护等后续管理费用。市、区财政每年安排 5000 万元专项资金，保洁员的工资得到保证。

根据测算，市区农村 1 吨垃圾的平均清运成本为 200 元，焚烧、填埋处理成本每吨 110 元和 90 元。一个 500 人左右的村庄，年产垃圾 120 吨，分类后减量 70%，同步可减少清运费 1.68 万元、处理费 0.84 万元。市区农村全面实施垃圾分类处理，按照减量 70% 计算，预计每年可减少清运处理费 4000 万元。

垃圾分类的好处不光体现在经济效益上，更大的意义在于营造了人居环境新面貌，培养了农民生态文明新观念，又拓展了以乡促城的统筹发展新思路，形成抓点带面的乡村治理新模式。

按照"农民可接受、财力可承受、面上可推广、长期可持续"的原则，金华市推行垃圾分类处理，个是做单独的"盆景"，而是做处处可学、可做的"风景"，让农村真正成为安居乐业的美丽家园。

不到一年时间，金华垃圾分类试点就从最初 3 个乡镇扩展到 99 个乡镇，实行垃圾分类的村庄遍布各县、市、区共 1819 个行政村，受益人口上百万，垃圾同比减少近七成。

资料来源：黄平：《农村垃圾分类"绿色革命"》，《经济日报》2015 年 5 月 12 日，第 15 版。

 经验借鉴

从成本与精力的角度，垃圾分类是一场持久而艰苦的战斗，若将垃圾分类真正落实到每个村庄、每家每户，这将会保障社会的经济效益与环境效益。

但如何在受教育水平较低、人口分布较散、距城镇较远的农村进行垃圾分类呢？这需要政府民众都有一个意识：垃圾分类减量即减负，落实垃圾分类能极大减少清运费以及处理费。例如，金东区通过"一村一建""多村联建"等方式，为 442 个村庄配备了 305 座太阳能垃圾减量处理房，实现了全区农村垃圾分类全覆盖。

同时，金华市建立了一套以"政府引导、社会参与、农民主体"为主的多元化的资金筹集模式。市本级财政可对各区农村生活垃圾分类减量给予奖励补助，在此基础上，设立用于垃圾分类的长效实施及农户奖励的"共建美丽家园"维护基金，由农户和商户每人每年自愿一定数额的钱款以及部分企业会进行捐助。这些举措能够有效地将政府与民众紧密地联系在一起，共同参与到垃圾分类的工作中。

最重要的是，在垃圾分类的过程中需要注意不能"蛮干"，如果遇到难题，应当利用高新技术，如金华市为解决太阳能堆肥模式出肥慢，堆肥过程中会产生蚊蝇和臭气的难题，利用浙江大学研发的好氧堆肥加微生物辅助技术，让垃圾堆肥时间从 6 个月缩短到 2 个月。

第三篇

垃圾减量、清运和回收管理

一、一袋垃圾的资源化之旅

关键词：政府；回收利用；精准分类、充当肥料；垃圾分类

 案例全文

中国要美，农村必须美。在提升农村生态环境质量上，如何更进一步、更快一步，努力建设美丽浙江？富春江畔，桐庐因地制宜推进垃圾资源化利用，通过市场化运作机制，不仅使垃圾变成有机肥产生经济效益，同时引领绿色生活、改善人居环境，也提高了当地生态文明建设水平。在此过程中，垃圾处理终端、垃圾智能回收系统、垃圾清运等资源化产业也站上绿色"风口"。

桐庐是浙江农村生活垃圾分类处置的探路者和先行者之一，截至 2017 年 9 月，桐庐 11 万户共 32.3 万农村居民全部参与垃圾分类；183 个行政村共建 145 个资源化处置设施，在国内率先实现农村垃圾分类和资源化处置全覆盖；垃圾产生的有机肥被统一收购并注册商标"世外桃源"，走进省内 110 余家世纪联华超市、大润发超市。从这里开始，绿色产业由理想走进现实。

市场运作：垃圾成了抢手货

来自桐庐农村的垃圾成为杭城超市的"抢手货"，原因何在？

原来，这里的垃圾指的是"世外桃源"牌农家土肥。它们是桐庐县实行

农村生活垃圾分类工作后，将大量可堆肥垃圾进行加工后制成的有机肥料。

2016年5月起，这些变废为宝的农家土肥，迈入省内110余家世纪联华超市、大润发超市的货架，走入了寻常百姓家。除了超市外，桐庐的所有景点、民宿也都能买到统一包装的农家肥。

"垃圾变土肥，触发的是一整条绿色产业链。"桐庐县环保部门相关负责人介绍道，2017年，桐庐年产"世外桃源"牌农家土肥2000吨，"反哺"财政200余万元。同时，桐庐也实现了垃圾减量的目标，2015年较2014年同期垃圾焚烧量下降20%左右，实现经济与生态"双赢"。

"源头分类、运输混置、末端处理不到位"是制约城市生活垃圾减量化、资源化的"瓶颈"。桐庐在开展农村生活垃圾源头分类开始之初，便将分类处置一并考虑，让可堆肥垃圾有了资源化去处。

桐庐183个行政村，共有145个垃圾资源化利用站点，在考虑人口密度、可堆肥垃圾量、有机肥需求、交通运输成本等因素后，采取一村一建或多村联建，发展微生物发酵资源化处置和太阳能普通堆肥处置两种模式。

驶上略微起伏的山路，渐渐远离村庄，方兴洪将清运车停在一座白瓦玻璃窗的房子前，这里是金中村垃圾资源化利用站。作为清运员，方兴洪每天都要将村中的可堆肥垃圾运到这里，还要将他们投入微生物发酵资源化处置设备，4~7天后，便能产出有机肥。

这台机器，是"桐庐制造"。桐庐县环境保护监测站会同中科院生态环境研究中心，在试点设备的基础上进行研发，成功后还申报了专利，现已建成年产300台垃圾资源化设备的制造基地，成为先进技术的输出者。

垃圾肥在城市受到追捧，在农村早已广受喜爱。莪山乡莪山民族村有一座太阳能堆肥房。随着莪山乡发展高山茶叶、茭白种植，有机肥越来越受农户欢迎，"有机肥经常被村民拿去种菜养花。"莪山乡党委委员朱勃说。

随着垃圾分类的深入推进，有机肥的产量趋于稳定。此时，怎样为垃圾分类提供内生动力，让垃圾"变现"？答案便是，市场化、产业化。

桐庐县引入企业管理，对有机肥进行科学的配比和试验，并注册"世外桃源"品牌有机肥，经农业部农产品及转基因产品质量安全监督检验测试中心（杭州）检测，各项指标均符合国家有机肥执行标准，是农田的好"营养品"。

在农村做机肥生意多年的朱清理，是桐庐英力生态农业开发有限公司总经理，负责生产和运营"世外桃源"有机肥。在金溪村峙山自然村，掩映在青山中的厂房，便是有机肥堆肥场。

"利用科学配比的菌种堆肥，自然发酵，不会产生渗滤液，也就避免了二次污染。"在朱清理看来，垃圾资源化利用过程中，无害化处理尤为重要，这也是垃圾分类处理的最终追求。

智能回收：源头分类更精准

在桐庐，受追捧的不仅仅是有机肥。以前人们随意丢弃的纸箱塑料瓶，还有电池等有害垃圾，如今都有了回收利用的好去处。

夏秋之际，旧县街道西武山村夏湾里自然村不见蚊蝇，清风习习。经营小店的柴玉萍开坑笑说，牙膏、料酒等生活用品的生意都被"鸡毛换糖""抢"去了。

早年的"鸡毛换糖"，是指有人挑着货担，摇着拨浪鼓，边走边喊"鸡毛换糖嘞"，这时，谁家有鸡毛、鸭毛，就拿出来跟他换糖。可柴玉萍说的"鸡毛换糖"，是一个店名，"店小二"是一名村干部，村民可将自己家里或者路上捡来的垃圾，到"鸡毛换糖"店换取生活用品。

"50 只塑料袋兑换鸡精一包，20 个塑料瓶兑换牙膏一支，10 节旧电池兑换酱油一包……"西武山村妇联主席陈彩霞介绍，兑换时间为每月的 10 日、20 日和 30 日上午 8 时至 10 时。而兑换得来的可回收垃圾，则送到废品回收站，实现废弃资源的再次利用。

"鸡毛换糖"店与柴玉萍的家只有不到百米远，每个月的三个兑换日，柴玉萍几乎从未缺席。柴玉萍家中有个专门堆放废品的小屋，酒瓶、塑料瓶、塑料袋，分门别类，摆放整齐，其表示："废品变用品，左邻右舍垃圾分类的积极性更高了。"

如今，大大小小的兑换超市散落在桐庐乡间，横村镇的阳山畈村和双溪村也建立起垃圾分类积分奖励，积到 10 分，可以换牙膏、肥皂之类的生活用品，村民从垃圾分类中得到肯定和快乐。

以前是被动分类，现在是主动分类。莪山乡中门村妇联主席姚爱芳经常被村民的问题难住："尤其是一到节庆时节，村民都来问我，这个该怎么扔，那个该怎么扔。"姚爱芳说，比如端午节时，吃完了粽子，村民拿着粽叶和粽绳来问。姚爱芳请教环保专家后告诉村民粽叶扔进蓝色垃圾桶，粽绳扔进黄色垃圾桶。

富春江镇采用智能生态垃圾分类系统，将垃圾分类和回收利用做得更为细致。在已经建成的黄坡岭社区智能投放点上，生活垃圾被分为四种：可回收垃圾、餐厨垃圾、有毒有害垃圾、其他垃圾。

居民来到垃圾投放点后，把分好类的生活垃圾放到对应有称重功能的平台上，刷一下市民卡或身份证。听到"滴"一声的提示音之后，这袋垃圾就投放成功了。

每一次投放垃圾，系统会记录投放人的身份信息、投放时间、垃圾类别和重量，以及所换取的积分。在后续建设的"生态微站"购物就能享受优惠。据了解，富春江镇将建设30个投放点以及5个"生态微站"。

行走在桐庐乡村，家家户户门口都整齐摆放着两只垃圾桶，蓝色垃圾桶用来装可烂的垃圾，黄色垃圾桶用来装不可烂的垃圾。在桐庐，上至耄耋老人，下至学龄孩童，都能将生活垃圾准确地分类投放。

截至2017年9月，桐庐全县11万户共32.3万农村人口全部参与垃圾分类，源头分类正确率基本稳定在85%左右。

绿色生活：引领乡村新风尚

中门村村民雷樟珠的一天是从垃圾分类开始的。早晨6时30分，雷樟珠开始为全家准备早饭，玉米须和玉米皮丢进蓝色垃圾袋，绑青菜的红绳丢进黄色垃圾袋。6时50分，雷樟珠提着两只垃圾袋出门了，放在固定的投放点后，骑着电瓶车去村外上班。下午5时，雷樟珠下班回家，取回的快递盒，她都细心收好，用胶带拼接后，做成矮柜和储物柜。

中门村分发给每家每户的垃圾袋都有固定编号，下午5时至次日7时之间定点投放到指定的垃圾池。自从有了自己的专属垃圾袋，雷樟珠家的垃圾渐渐少下来，"哪些垃圾还能变废为宝"成为她习惯性的想法。

西武山村，位于桐庐县城边城郊接合部，常住人口1000余人，本地人口仅有243人。外来人口多，中小企业多，因此被贴上"脏乱差"的标签。

逆袭发生在2016年底，西武山村在全县183个行政村中脱颖而出，成为2016年"清洁桐庐"三个示范村之一，一跃成为模范村。

变化在村庄悄然上演。2016年，火钳、手套是陈彩霞随身之物，走到哪里就戴上手套，拿起火钳查看下垃圾分类桶；2017年，这两样法宝，陈彩霞已经不记得遗忘在哪里，"村民们垃圾分类做得已经很好了"。

随着垃圾分类回收、资源化利用深入人心，村民的生活方式也得到了升华。在西武山村，在城市里看到的旧衣回收"大熊猫"也摆在了"鸡毛换糖"店的门口，村民们将闲置的衣服投入其中，破旧的衣物则剪裁成袖套、拖把等。

在空酒坛上描画几笔，酒坛变成别致的花盆；喝过的饮料瓶，用剪刀剪出造型，成为实用的烟灰缸；破旧的暖瓶塑料壳种上多肉植物……桐庐乡村转角，你总能与这样慧心妙手的废弃物再利用不期而遇。

垃圾资源化利用让农民的生产方式添上一抹绿色。青山秀水、民族风情让莪山畲族乡渐被游人熟悉。村民借机发展高山蔬菜和水果种植，施用垃圾有机肥的原生态农特产品备受城里人喜爱。即使在盛夏西瓜大量上市的季节，戴家山村卖到3元一斤的西瓜仍然供不应求。

垃圾分类、污水处理让农村的环境变美，人们也更加珍惜美丽环境的来之不易。

资料来源：许雅文、施银燕、钱凌芸：《一袋垃圾的资源化之旅》，《浙江日报》2017年9月5日，第10版。

 经验借鉴

该案例值得借鉴的是给予按照规定进行垃圾分类的居民较为实际的优惠和奖励，如建立适合农村的"兑换超市"，村民可将自己家里或者路上捡来的垃圾，到"鸡毛换糖"店换取生活用品，如50只塑料袋兑换鸡精一包，20个塑料瓶兑换牙膏一支等。

富春江镇采用智能生态垃圾分类系统，居民把分好类的生活垃圾放到对应有称重功能的平台上，刷市民卡或身份证即可投放成功。每一次投放垃圾，系统会记录投放人以及投放垃圾的相关信息，以及所换取的积分。在后续建设的"生态微站"购物就能享受优惠。这些看似细小的举措能让居民从被动垃圾分类到主动垃圾分类，甚至能让居民发挥奇思妙想，变废为宝。

建立完整的绿色产业链，即垃圾分类回收后制成有机肥，再进行销售，如桐庐县引入企业管理，对有机肥进行科学的配比和试验，并注册"世外桃源"品牌有机肥，作为产品销售给各大超市，村民也能够借机发展高山蔬菜和水果种植，实现环境效益和经济效益双平衡。

二、循环利用，让快递包装"绿"起来

关键词：物流包装；上门回收；垃圾减量

 案例全文

一个物流点，每天消耗掉三四百个编织袋；

一个商家，每个月用掉一千多个包装袋。

作为消费者的你，每周又会收到几个快递？包装快递的纸箱子、防水袋、胶带纸或者塑料膜，你又会怎么处理？

在网购、物流快速发展和普及的同时，快递包装袋带来的污染也越来越明显，在这个过程中，每个人都是参与者，而减少这种污染，到底应该怎么做？

发货商家：一个月用掉上千只塑料包装袋

2017年10月30日早上9点，杭州四季青服装市场的一个圆通快递点，快递小哥小冯已经收了四五十包大大小小的编织袋，里面清一色都是准备发出去的服装，编织袋的外面用胶带纸左一道右一道"五花大绑"，粘得相当牢靠。

"我这里一天能收到三四百件吧，都是衣服，基本是编织袋包装，占90%吧。"小冯说。

和衣服相比，包包、饰品这样的货物在包装上更费事。"我们的包包都是单个发的，都是用这种黑色的塑料袋，里面还要装一些塑料膜，免得挤坏。"

店主刘女士已经包好了差不多三十多个包包，这是当天上午的发单量，包在外面的黑色塑料袋又轻又薄，刘女士索性用胶带在外面缠了个密不通风，"塑料膜最好多包一点，不然快递路上可能扔来扔去，包皱了客人就不要了。"

同样的包装袋，做鞋子生意的杜先生一个月发出去一千四五百件，其打包方式和刘女士差不多。

"塑料袋肯定是有污染的，但现在发快递不都这样包装吗？也没办法啊。"杜先生说，"这就像一次性筷子，都知道消耗木材，不还在用吗？"

快递公司：快递包装很难回收再用

如果你觉得四季青市场是因为都是做生意的，所以快递量比较大，但其实，居民区附近的快递站，发货量也不小。

任先生是湖墅北路上韵达快递的负责人，这个服务站服务的是周边居民，快递包装主要是大大小小的纸箱子和防水袋。

"我们这里是送货为主，每天有1000多件吧，来寄件的不多，每天也就六七十件。"任先生说，这些快件，百分之七八十用的都是防水袋，但无论是纸箱还是防水袋，都要用胶带缠结实，最多时一天能缠完四五卷，"快件都发给客户了，包装其实没办法回收。纸箱子有时快递员还会从客户那里带回一些，但防水袋肯定没办法再用"。

快递包装会不会造成污染，这个问题任先生没有考虑过，"发快件不都这样吗？不过，我想污染肯定是有的，尤其是这个防水袋，更难降解吧，但又能怎么办呢？"

菜鸟驿站：绿色包装使用量已超 700 万个

据统计，2016 年，我国快递业共消耗了 103.2 亿张快递运单、32 亿只编织袋、68 亿只塑料袋、37 亿个包装箱、3.3 亿卷胶带。仅使用的瓦楞纸箱原纸，就多达 4600 万吨，占全球 1/3，约等于 7200 万棵树——46 个小兴安岭的树木总和。这些数字来自中国邮政局发布的《中国快递领域绿色包装发展现状及趋势报告》，报告指出，过度包装下，胶带、塑料袋等不可降解、难以回收的包装物，对环境造成了不可估量的破坏。

采访中，无论是快递人员，还是使用者都觉得在快递包装污染这件事上，自己无能为力，事实真的如此吗？其实，在一些地方，更加绿色的做法已经在推广。2017年10月28日上午，浙江大学紫金港校区菜鸟驿站门前，立着一个巨大的回收柜，师生们可以将拆下的纸箱放进柜里。通过工作人员的判断分类，将部分品相良好的纸箱直接用于寄送，而无法二次利用的纸箱，则由菜鸟联系的纸厂上门回收。

这是菜鸟联盟在全国十个城市推行的"上门回收"业务。"以往回收的纸箱会送到废品站处理，往往利用率极低。"此次绿色行动的负责人圆慧介绍说，现在通过大型纸厂，可以实现纸箱与胶带分离，大幅提高纸箱回收率。根据站点规模，平均每个驿站日均可回收数百个包装箱。

"看到我们的回收宣传，多数人还是支持的，都会同意把包装箱留下回收。"圆慧表示。

此外，从2017年1月开始，菜鸟联盟还在全国范围内启用了20个"绿仓"，这些绿色仓库使用的都是免胶带的快递箱和100%可生物降解的快递袋。截至2017年10月，"绿色包装"的使用数已经超过了700万个。除了菜鸟联盟，各大电商及快递公司也推出了自己的绿色物流计划。2017年6月，京东发起了"青流计划"，并试点推出了数千只可以降解的循环包装袋。不过，这种可降解的包装比普通的贵50%以上，目前，这个费用由快递公司和签约商家承担。

资料来源：吴朝香、俞任飞：《循环利用，让快递包装"绿"起来 简约适度，我们能做的还有更多》,《钱江晚报》2017年10月30日，第A0002版。

 经验借鉴

当今社会，网购已经成为一种全新的购物方式，伴随的是快递行业的迅速发展，快递的包装回收利用和治理更是成为我国生态文明建设的重要内容。从本案例中，我们可以看出对于快递包装污染上，许多商家和消费者都认为无能为力，他们更加注重的是包装盒内的商品，怎样保证商品的完好程度是他们首选的第一位，而塑料的过度包装却被抛之脑后。因此，在实施对于让快递包装"简约适度，循环利用"首先是先让商家树立起精简塑料包装，尝试更多新型、绿色的快递包装方式；让消费者更加重视回收包装快递对环境保护的重要性。其次，政府也应出台相关政策鼓励研发快递包装的"减量化""无害化""资源化"，促使快递包装业的环保优化。

当下菜鸟联盟所推出的"上门回收"计划是从消费者出发，回收纸箱进行二次利用，使纸箱回收利用率提高，减少生产纸箱厂家成本。"启用绿仓"和"青流计划"是从售货商家出发，生产包装袋的厂家研发出可回收，能降解的快递包装让售货商家进行包装，也是践行"让快递包装'绿'起来"的重要一步。但是由于使用这些新型的绿色包装成本也会比普通包装贵50%，使用费用是物流公司和签约商家承担，这些提高了的经济成本也会让很多商家对这种绿色包装望而却步，采用便宜的传统包装。

三、互联网开辟垃圾回收新途径

关键词：浙江；互联网；垃圾回收

 案例全文

年纪大的市民以前过惯了节俭的日子，东西舍不得扔，都堆在家里，以前用过的小家电、穿过的旧衣服，一捆捆的废旧纸板，就堆在墙角、储物间、过道，不仅浪费空间，而且打扫起来也费时费力。年纪轻的通常直接把这些垃圾扔掉，这其中也包括一些可回的收垃圾，直接或间接地也造成了浪费。垃圾是放错地方的资源，如果得到了专业的分类、回收处理，就能从源头上大大减少垃圾的产生。

清洁直分：可回收 11 大类垃圾

现在处理家居垃圾对市民来说非常被动，也正是看到了这一问题，杭州市环境集团公司顺应现代移动网络蓬勃发展的趋势，坐上了互联网这趟"快车"。

"清洁直分"是杭州市环境集团开发的手机 APP，专门针对现在可回收垃圾的处理问题，运用"互联网＋"的理念，将可回收垃圾、市民、垃圾回收公司串联起来。市民可以下载"清洁直分"APP，注册后，填写具体的家庭住址，就可以叫专人上门回收垃圾。

现在的清洁直分 APP 将常见的可回收垃圾分为 11 大类，包括自行车、易拉罐、电水壶、电炒锅、书刊、报纸、衣服、塑料瓶、玻璃酒瓶、利乐包、纸板。像利乐包、玻璃瓶等以往卖不掉的东西也能交给清洁直分处理。

回收回来的垃圾有三种处理方式：首先，塑料瓶，玻璃瓶之类的垃圾，交由杭州市环境集团再生资源回收项目进行再利用；其次，书籍及可再利用的小家电等则通过绿色义卖等途径捐献出去；最后，不能回收利用的垃圾就交由专门进行垃圾回收的公司处理，力求做到物尽其用。

在清洁直分中，别出心裁地设计了虚拟货币的兑换系统，根据回收垃圾的数量、种类的不同，市民会得到数量不一的虚拟货币，在清洁直分中叫作"清豆"。市民可以在清洁直分上利用"清豆"兑换一些生活用品、盆栽、充值卡等。

清洁直分现在主要在杭州市下城区和拱墅区部分街道试点，清洁直分 APP 的累计下载量达到 15000 次，注册用户数有近 5000 人，计划逐步覆盖杭州主城区。

虎哥回收：一小时内上门，覆盖杭州八大城区

在杭州，关注互联网与垃圾回收的公司不只有杭州环境集团公司，浙江九仓再生资源开发有限公司同样在这上面动起了脑筋。依托网络，九仓公司开发了一款名为"虎哥回收"的 APP，于 2015 年 11 月 1 日已经开始试运行。

"虎哥回收"主要针对的是废旧家电，在运营伊始，就制定了严要求高标准，更是打出了"一旦市民提交订单，我们在一小时内一定赶到现场回收"的口号。为了达到这一要求，"虎哥回收"投入了 200 辆车，600 名"虎哥"在城区范围内来回巡视，一旦接到订单，后台系统就将订单发到距离目的地最近的车辆上。

现在的"虎哥回收"主要的服务区域包括余杭区、萧山区、上城区、下城区、江干区（含下沙）、拱墅区、西湖区、滨江区。截至 2016 年 9 月，"虎

哥回收"拥有用户 50 多万，日均电器订单 1000~2000 件，衣物日均回收
50~60 吨。

"虎哥回收"的联系手段更加多样，市民不仅可以通过手机下载"虎哥回
收"APP 或者微信关注虎哥回收微信公众号，申请上门回收垃圾，还可以通
过官网或者拨打回收热线呼叫"虎哥"。

"虎哥回收"的副总经理胡振斌说："回收后的家电在虎哥回收环保基地
做分类分拣，然后统一送到虎哥回收的战略合作企业，拥有国家四部委定点
的拆解资质的浙江盛唐环保科技有限公司，进行环保拆解处理。"

资料来源：华震杰：《互联网开辟垃圾回收新途径》，《钱江晚报》2016 年
9 月 23 日，第 X0006 版。

 经验借鉴

互联网经济是浙江省的特色经济模式，在这一模式的推动下，诞生了许多
"互联网+"特色行业，例如，"互联网+出租车"，诞生了滴滴；"互联网+教
育"，诞生了在线教育平台；"互联网+生活服务"，诞生了美团，这就是对
原始传统行业的升级改造。在这一因素的促进下，垃圾回收也拥有了新途径。
"清洁直分"和"虎哥回收"都是因为垃圾回收而诞生的 APP。消费者在 APP
上提交订单，公司就会派专人上门进行垃圾回收，垃圾回收后首先进行分类，
针对不同类型的垃圾进行分类处理，做到物尽其用。

从消费者角度来看，这不仅有利于年纪大的消费者减少堆积废物所造成
的空间浪费和打扫时间，也可以让年轻消费者有将可循环利用的垃圾处理掉
的途径。"清洁直分"这款 APP 还在里面加入了虚拟货币兑换生活用品等方式，
在一定程度上吸引消费者使用这种新的垃圾回收方式，让生活物资更加高效
利用。

从企业的角度看，这种新型的回收垃圾方式相对于传统回收垃圾人员在
大街上叫卖的方式更加精准、高效和规范，也能为企业减少更多的时间和精
力，减少企业成本。这种方式，更能让用户对这个群体的了解更完整、更立
体、更有信任感。

对于国家层面也是符合了当下"互联网+"新模式，加快资源的整合配
置和利用，保护环境。

第四篇

垃圾处理和处置管理

一、义乌：推进餐厨垃圾规范化处置

关键词：餐厨垃圾；统一管理；环境意识

 案例全文

为落实《浙江省城市市容和环境卫生管理条例》《浙江省餐厨垃圾管理办法》，2017年12月，义乌市苏溪镇召开餐饮单位餐厨垃圾规范处理工作部署会，300余家餐饮经营单位的负责人参加。会议明确了对餐厨垃圾处理实行单独投放、统一收运、集中处置原则，要求餐饮单位将日常经营中产生的餐厨垃圾及隔离油池中的废弃食用油脂，交由专业公司统一收运，从而实现餐厨垃圾规范处置。

变零散式管理为统一管理，执法监管力度加大

义乌市综合行政执法局苏溪大队大队长方银法表示，苏溪镇内共有餐饮单位376家，几乎每家餐饮单位都留下了执法人员的身影。执法人员不仅要对餐饮单位餐厨垃圾处置情况开展监督检查，还要对餐饮单位油烟净化设施安装、使用情况及燃气安全等同时进行检查。大队有两个中队，分管两个辖区，往往一轮辖区总体排查下来，要耗时数周。

对新增加的餐饮单位，苏溪大队执法人员会根据市场监管局提供的餐饮单位营业执照登记地址，逐一前往排查，将工作做细、做扎实。

一方面是监管力度加大，另一方面是解决餐饮单位自身难题。检查中发现，有的餐饮经营者对隔油池清理应付了事；有的虽然尽力，却事倍功半。经营饭店的王先生表示："我们确实也想把隔油池清理干净，安排人也做了。但毕竟不专业，面对检查不过关，我们也挺为难。"

"为解决这一问题，苏溪镇镇政府、义乌市综合行政执法局苏溪大队、镇市场监管所加强部门合作，多次开展联合检查，提高整治成效，务必要求相关店铺整改到位。同时，由苏溪镇牵头，引进3家有资质处理油污的专业公司，引导餐饮单位与专业公司对接。"方银法说。餐饮单位和专业收运企业签订协议，并交镇政府留存。协议签订后，专业公司开始定期前往餐饮单位收集餐厨垃圾、废弃油脂，杜绝餐厨垃圾长期无人管、员工清理不到位等情形。

变被动管理为主动参与，商户环境意识提高

在以往检查中，一些餐饮经营者往往存在应付心态，执法人员检查时就安排清理，不检查时就放置不理。为提升经营者环境意识，营造公众参与环保的浓厚氛围，苏溪镇多部门在工作会前走访餐饮单位，宣传规范处置餐厨垃圾的益处，消除经营户的疑虑，发放《餐厨垃圾规范处置倡议书》，提升社会参与度。

召开部署会后，商户自主参与意识普遍增强。当执法人员再次检查时，不少商户主动拉着执法队员走到自家隔油池边，询问执法队员："什么时候到我们这收运废弃油脂，多久来清理一次。要是收运企业不遵守协议、不及时清理，怎么办？"这与以往商户"拖、缓、等"的心态相比明显转变。

苏溪镇通过开展隔油池专项管理工作，建立和完善餐厨垃圾管理机制，实现规范收运，提高餐厨垃圾资源化利用水平，确保辖区内餐厨垃圾实现妥善处置，杜绝餐厨垃圾中的食用油脂进入食物链。

资料来源：王倩：《专业公司上门回收处理餐厨垃圾　义乌推进餐厨垃圾规范化处置》，《中国环境报》2017年12月15日，第6版。

经验借鉴

　　义乌市苏溪镇对餐厨垃圾处理实行单独投放、统一收运、集中处置原则，要求餐饮单位将日常经营中产生的餐厨垃圾及隔离油池中的废弃食用油脂，交由专业公司统一收运，从而实现餐厨垃圾规范处置。这一举措直接解决了商户处理不好厨余垃圾的问题，也解决了由于用户处理不好厨余垃圾带来的不便。

　　为了落实这些举措，政府从执行监察的力度、方法上下功夫。几乎每家餐饮单位都留下了执法人员的身影，执法人员逐一前往商户排查，将工作做细、做扎实。还借此解决了餐饮单位自身难题，有些商户是力不从心所以做不好，有些商户是抓检查漏洞，检查的时候才做，其他时候敷衍了事。为了解决这个问题，当地政府展开多次联合检查，还引进3家有资质处理油污的专业公司，引导餐饮单位与专业公司对接。

　　为了更好地引导商户落实政策，减少监察的负担，政府向商户宣传规范处置餐厨垃圾的益处，消除经营户的疑虑。只有解决最基层的问题，才能更好地落实政策。只有解决商户的问题，才会让他们更心甘情愿地去进行分类处理。

　　当地政府为了更好地让政策落实，双管齐下，一边加大监察力度，顺便深入基层连接问题，一边从执行活动的本体——商户入手，对他们进行宣传科普，解决他们的疑虑，助推厨余垃圾管理办法的实施。

二、绍兴：垃圾堆放场变身生态警示园

关键词：替代性修复；生态警示

 案例全文

　　供游人休憩的凉亭、草木掩映的林荫小道、彩色塑胶健身场……2018年伊始，浙江省绍兴诸暨市店口镇的市民路过龙山路与山前路交会处时，惊喜地发现几个月前还是堆满建筑垃圾的废墟，如今俨然变成了满目皆景的大公园。

"这是镇里8家被查处的污染企业自愿共同出资建设的生态警示园，也是全省首个生态环境损害替代性修复场地。"店口镇副镇长朱庭传说。

环境受损地区居民利益怎么弥补？可实施生态环境损害替代性修复

店口镇铜加工材料、金属小五金产业发达，在体量不断扩张的同时，面临着沉重的环境压力。自2016年底开始，店口镇政府在前期摸排基础上，联合诸暨市原环保局、公安局、检察院，开展针对机械温（冷）镦行业违规生产污染周边环境的专项检查行动。

"行动共检查企业200余家，累计立案查处环境违法企业86家，其中责令停产74家，罚款221余万元，并要求在未完成环保处理设施验收前不得生产。"诸暨市原环保局副局长周新建表示，2017年3月，公检环三部门再次联合镇政府开展执法后督察专项行动，发现12家企业仍在违法生产。"4家企业负责人被行政拘留，8家企业负责人因排放含重金属废水被采取刑事强制措施。"

环境有价，损害担责。除了牢狱之灾，如何才能让这些环境违法者承担起修复生态环境的责任？

"以前，环境违法企业被追缴的生态环境损害赔偿金只是放在指定账户中，存在罚归罚、判刑归判刑'两张皮'现象，生态修复效果难以衡量、修复率低是此类案件的普遍问题。"诸暨市人民检察院侦查监督部主任黄艳阳表示，本次案件中，企业排放的废水由污水管网进入河道，经河水稀释后难以检测，使河体本身的污染无法衡量和修复。

"经过各方协调，为了更好地弥补环境损害地区居民的利益，我们决定采用生态环境损害替代性修复。"周新建说。

2017年8月出台的《绍兴市关于建立生态环境司法修复机制的规定（试行）》明确规定，涉及生态环境损害的刑事案件发生后，对不符合现场修复条件，且有替代性修复必要的，司法机关应引导、督促犯罪嫌疑人、被告人与负有监督管理职责的行政主管部门签订书面生态环境赔偿修复协议，依照协议对替代性修复项目的生态环境进行治理，努力恢复生态环境存量和容量，并对积极修复生态环境的犯罪嫌疑人、被告人依法酌情从轻处罚。

替代性修复没有先例可借鉴怎么办？8家企业出资115万元建生态警示公园

由于替代性修复在全国并没有可借鉴的先例，针对企业如何补偿、修复地如何选址等问题，当地相关部门和企业做了充分的调研工作。在绍兴市原环保局和绍兴市检察院的指导下，诸暨市委托绍兴市科技服务中心进行生态损害赔偿评估。根据评估报告，在店口镇政府协调下，8家企业共同出资115万元，用以建设生态警示公园。

"这里原先是一片待开发的空地，周边居民经常突破围墙倾倒建筑垃圾，成了环境治理'老大难'。修复成公园以后，既提升企业的环境意识，又充分利用城镇边缘空间，是个'双赢'。"朱庭传说。

"建设生态警示公园在当地起到很好的教育警示作用，同时也为推进生态环境损害赔偿工作取得实效走出了一条新路子。"绍兴市原环保局副局长徐金泉说，绍兴市自2016年2月被确定为生态环境损害赔偿省级试点以来，积极创新建立生态环境损害鉴定评估、损害赔偿磋商、司法衔接、资金使用管理和损害修复等生态环境损害赔偿制度体系，探索生态损害赔偿新思路。

资料米源：王雯、晏利扬：《垃圾堆放场变身生态警示园 绍兴建成首个生态环境损害替代性修复场地》，《中国环境报》2018年1月16日，第1版。

 经验借鉴

绍兴市出台政策，针对涉及生态环境损害的刑事案件，对不符合现场修复条件，且有替代性修复必要的，由司法机关引导、督促犯罪嫌疑人、被告人与负有监督管理职责的行政主管部门签订书面生态环境赔偿修复协议，依照协议对替代性修复项目的生态环境进行治理，努力恢复生态环境存量和容量，并对积极修复生态环境的犯罪嫌疑人、被告人依法酌情从轻处罚。

这个举措为生态环境被破坏后的修复工作找到了一个新出路，让破坏环境的人接受经济和刑事处罚，还让破坏环境的人以实质性的举措替代性修复环境。替代性修复没有先例可借鉴，针对企业如何补偿、修复地如何选址等问题，当地相关部门和企业做了充分的调研工作。在绍兴市原环保局和绍兴市检察院的指导下，诸暨市委托绍兴市科技服务中心进行生态损害赔偿评估。在专业的评估之后，让违法者出资进行相关的赔偿，签订协约，并全程跟踪项目进度。

这种方式既有惩戒作用，又可以让环境受损地区居民利益得到补偿，一举两得。

三、杭州：亚运场馆能否采用建筑垃圾再生品？

关键词：建筑垃圾再生品；特设小镇；5G

 案例全文

2022 年第 19 届亚运会，是杭州继 G20 峰会之后，又一场盛大的国际盛事。在 2018 年 2 月 4 日的杭州市第十三届人民代表大会第三次会议开幕会上，时任市长徐立毅做政府工作报告时就提出，杭州将以筹备 2022 年亚运会为重要节点目标，全面提升交通等基础设施水平。

2018 年 2 月 7 日，市政协十一届二次会议召开四场专题会议，其中一场的主题为——"推进绿色亚运，打造生态文明之都"。两个小时内有 20 位委员踊跃发言，不少委员为能争取一个发表机会甚至站起身来示意主持人，会场氛围相当热烈。大家最关心体育场馆的建设、亚运城市氛围的营造和绿色理念的普及。第 19 届亚运会组委会副秘书长、副市长陈国妹在会上说，《杭州亚运会绿色健康建筑设计技术导则》已经制定，杭州亚运会将坚持可持续利用的设计理念，在建筑技术和工艺上实现低碳、节能、环保。

场馆能否采用建筑垃圾再生品

杭州亚运会以"绿色、智能、节俭、文明"为办赛理念，以"控制成本、充分利用、注重实用、高效运作、科学办赛、彰显特色"为办赛原则。致公党界别委员、杭州运河广告产业园总师办主任王其特别关注绿色与节俭，她建议在亚运场馆及设施、亚运村建设中采用一定比例的建筑垃圾再生建筑材料。"是否可以建一座全身都是建筑垃圾资源化再生品建造的亚运场馆，不仅可以节约资源，也是杭州践行'绿色'办赛理念的最直接体现"。

王其说，这个想法可不是空穴来风，2000 年悉尼奥运会、2012 年伦敦奥运会上都有体育场馆采用一定比例的建筑废弃物循环利用再生产品作为建材，比如铝、玻璃、钢等。而随着"城中村"改造的全面推进，杭州每年产生的建筑垃圾约 1000 万吨，再生资源循环利用的产业链正逐步建立完善。王其认为，需要在有影响力的标志性建筑上应用，引领城市可持续绿色发展的潮流。共青团界别委员、杭州星罗实业有限公司总经理邹华也建议，在亚运场馆的建设中要多采用装配式建筑，减少建筑垃圾产生量。绿色出行也是委员们关注的焦点，杭州市出入境检验检疫局现场监管科相关负责人表示，杭州市自行车出行率达到 35%，应该打造"自行车运动之城"。特邀委员、"的哥"周震也提出，要在每个公共自行车还车点，设置部分运动型赛车，丰富自行车出行选择。

部分场馆采用临时电源供电

据了解，《杭州亚运会绿色健康建筑设计技术导则》由浙江大学建筑设计研究院负责编写，重点关注两个关键词——绿色、健康。导则主要是面向亚运会体育场馆的设计、施工、运维等，包括建筑设计、结构设计和建筑材料、暖通空调、建筑电气、建筑智能化、赛后利用等方面，非常具体。像新建场馆，自评结果至少也要满足现行国家和地方绿色建筑评价标准的二星级要求。以建筑电气设计为例，以充分利用现有场馆、设施为主，力争做到能改不建、能修不换、能租不买、能借不租。既有场馆要改造设计的，得先评估、策划。场馆的用电负荷、照明等还要区分临时性负荷和永久性负荷。经常性举办重大比赛的主要场馆，采用固定安装的柴油发电机组；其他比赛场馆建议采用移动式柴油发电机组；开闭幕式等容量较大的临时性负荷，建议采用临时电源供电，场馆建设时预留接入条件。移动式柴油发电机组，满足亚运会办赛需求后可以撤走，既节约投资，又降低平时运营费用。

资料来源：潘杰：《亚运场馆能否采用建筑垃圾再生品？建个"功夫小镇"推广太极拳怎么样？》，《都市快报》2018年2月7日，第A05版。

 经验借鉴

杭州市为了筹备2022年杭州亚运会，全面提升交通等基础设施水平，以亚运会为主题召开会议，提出采用建筑垃圾再生品建造场馆等。

从可持续利用的设计理念出发，想在建筑技术和工艺上实现低碳、节能、环保，建一座全身都是建筑垃圾资源化再生品建造的亚运场馆是杭州践行"绿色"办赛理念的最直接体现。这样的想法不是随便提出的，其他国家的奥运会场馆早已有示范，在建设中采用装配式建筑，减少建筑垃圾产生量。

考虑到大型场馆的用电问题，杭州提出部分场馆采用临时电源供电，扣紧绿色、健康这两个主题。以建筑电气设计为例，以充分利用现有场馆、设施为主，力争做到能改不建、能修不换、能租不买、能借不租。

四、共建浙江"大花园"

关键词：政府；垃圾整治；太阳能沤肥；焚烧发电；管理模式

 案例全文

2003年，浙江启动"千村示范、万村整治"工程，启动农村垃圾整治。2014年，省委、省政府积极推进"五水共治、治污先行"的决策部署，浙江省率先围绕"最大限度地减少垃圾处置量，实现垃圾循环资源化利用"的总体目标，改革农村垃圾集中收集处理的传统方式，探索农村垃圾减量化、资源化处理的"分类收集、定点投放、分拣清运、回收利用、生物堆肥"等各个环节的科学规范，全力推进全省农村垃圾减量化、资源化处理。

浙江省从源头实施"减量化、资源化、无害化"垃圾分类处置。按照"可烂的"厨余垃圾和"不可烂的"其他垃圾这种村民通俗易懂的分类方法在浙江农村迅速推开生活垃圾分类处理。

浙江农村生活垃圾减量化、资源化处理由点到线、由线到面、由浅到深分层逐次推开农村生活垃圾治理工作，重点开展了全省700多个乡镇推进农村垃圾整乡整镇处理工作。同时，因地制宜、形式多样，按照村庄所处地形地貌不同和经济条件差异，差异化配备垃圾处理设施和选择垃圾处理技术模式。

分类处理模式

一是机器快速成肥模式。该模式是浙江在全省范围内最常用的处理模式，具体方式就是通过机械化设备和菌种，经过破碎、发酵，实现处置堆肥。从实际使用情况分析，截至2017年8月，首批快速成肥机器已正常运行（包括维修后使用）3年。据了解，快速成肥机器设计使用年限约为10年，每年维护费用需约5000元/台，主要的支出可以分为建设成本、运维费用。其中建设成本包括快速成肥机器购买、处理厂房建设，运行费用包括机器运行电费、操作工人工资和日常保养。根据调查，一台日处理量为3吨/天的快速成肥机器，招投标采购价为35万~50万元。按200~400平方米面积计算，厂房建设为30万~40万元。以8小时/天/台的机器使用强度所产生的电费，加上1人/台的人工费用，运维费用参考投入为10万~12万元/年。机器快速成肥模式相比较太阳能沤肥模式，优点在于成肥速度快，可有效缓解垃圾堆积难题。相比较焚烧发电模式，建设投资少，建设周期短。可以根据村情村况，因村制宜选择联村共建或一村一建模式，适用于人口密度高，有机肥需求量较大的农村地区。

二是太阳能沤肥模式。该模式是指充分利用太阳能与垃圾渗滤液回喷技术创建堆肥加快反应。该模式的投入主要来自太阳能沤肥房建设。经过测算，一个200~400平方米的太阳能沤肥房建设成本为20万~40万元，维护成本则相对较低。该模式简单有效，投资成本低，运维成本也低。但不足之处在于处理时间较长，处理周期一般 1~2 个月。可以采取联村共建或一村一建模式，适用于人口密度不高且相对稳定，日人均垃圾量也相对平稳的农村地区。

三是简易传统处理模式。主要是指通过对可堆肥的垃圾还山还田和不可堆肥垃圾（不包括有毒垃圾）清洁焚烧的模式。该模式投入和运行成本相对较低，简易方便，但处理能力有限，且对不可堆肥垃圾开展清洁焚烧处理容易产生二次污染。适合人口密度低、人口居住分散、垃圾总量少的偏远山区使用。

四是焚烧发电模式。对农村生活垃圾统一运转到专业化的焚烧发电厂进行焚烧发电。该模式投入和运行成本高，建设周期长，早期的焚烧发电工艺，存在积灰二次污染严重的问题。但处理能力强，处理效果好。适用于经济水平发达、人口密集、垃圾总量大的地区。

五是环保酵素处理模式。环保酵素，也叫垃圾酵素，环保酵素的生成原理是利用果蔬表面的微生物在厌氧的环境下将糖进行发酵，生成乳酸、酒精等物质。适合厨余和新鲜垃圾制作环保清洁剂，节省家庭开销。

六是厌氧发酵模式。厌氧发酵是在一定的条件下，利用厌氧微生物的转化作用，将垃圾中大部分可生物降解的有机物质进行分解，转化为沼气的处理方式。它是一种成熟的垃圾能源化技术，将垃圾转化成沼气后，便于输送和储存，热值高，燃烧污染小，用途广泛。

七是卫生填埋模式。填埋是浙江省农村目前普遍垃圾处理方式。填埋使垃圾与空气隔绝，垃圾中自身含有的微生物如果将有机物进行降解，本质上就属于厌氧发酵。如果采取相应措施，将填埋场产生的渗滤液加以处理的话，那就属于卫生填埋。

八是黑水虻高效生物转化处理模式。黑水虻高效生物转化处理项目（昆虫农场），在配套光—温—湿—风等调控设施的大棚内，将餐厨垃圾作为昆虫黑水虻的饲料，经过 15~20 天养殖处理，快速高效地转化为虫体蛋白和生物有机肥，可实现垃圾减量 80%。

九是生物制气模式。三门县引进垃圾发电技术。垃圾发电是利用工业、农业或城乡生活中的大量有机废弃物（如酒糟液、禽畜粪、垃圾和污水等），经厌氧发酵处理产生的沼气，驱动沼气发电机组发电，并可充分将发电机组的余热用于沼气生产。沼气发电技术本身提供的是清洁能源，不仅解决了沼气工程中的环境问题、消耗了大量废弃物、保护了环境、减少了温室气体的排放，而且变废为宝，产生了大量的热能和电能，符合能源再循环利用的环保理念，同时也带来经济效益。

运行管理模式

一是市场化服务外包运管模式。以乡镇及以上单位为主体，将辖域内垃圾分类指导、垃圾运输，终端运行、管护均统一打包，外包给专业公司运行管理。例如，临安市锦北街道以 306 万元的价格购买服务完成"锦北街道农村环境综合保洁项目"招标工作。除由临安市城管局管辖的城区范围外，该街道的 11 个建制村河道保洁、道路及可视范围保洁、垃圾清运、垃圾分类及两个建制村的垃圾分类上门收集、指导和考核等工作交由专业公司负责。该模式中，形成了街道对建制村、建制村对保洁公司、街道对保洁公司、保洁公司对保洁员、保洁员对农户的"五方"考核机制，分工明确，责任清晰，能在短时间内推动农村生活垃圾分类减量资源化工作上一个台阶。

二是联村共建自行运管模式。以建制村及以上单位为主体，通过共享处理终端、自行运输、自行管理的方式处理农村生活垃圾。例如，海宁市云龙村建有一台日处理量 5 吨/天的快速成肥机器，除处理本村的生活垃圾外，服务还辐射到胡斗村、双涧村。海宁市盐官镇全镇 17 个行政村、4 个社区，102 个保洁员，建有一个镇级处理中心，内设 3 台日处理量 3 吨/天的快速成肥机器，负责全镇垃圾处理，日处理量 5.4 吨/天。此模式的优势之一就是资源共享，成本相对较低。

三是半市场化运管模式。以建制村及以上单位为主体，将辖域内农村生活垃圾运输，终端运行、管护均统一打包外包给专业公司运行管理，当地负责指导辖域内农户开展生活垃圾分类投放。海宁市许村镇，下辖 27 个行政村、4 个社区，户籍人口 11 万人，外来人口 11 万人。该镇花费 90 万元购买深圳大树公司一台快速成肥机器外加该公司 5 年服务（不包括垃圾运输服务），同时所产生的有机肥料以 3 万元/年的协议价出售给深圳大树公司。经过调查研究，此模式的优势之一就是在保持成本相对平衡的基础上，通过专业的队伍做专业的事情，效率更高、效果更好，且很好地解决了有机肥料出路问题。

四是购买农村物业管理模式。安吉县剑山村通过政府购买"农村物业"服务，委托农村物业统一保洁、统一收集、统一清运、统一处理、统一养护。

剑山村垃圾分类和管理由农村物业规范运行，分类处理模式按照"四分四定"收集、运输至处理地点。农村物业通过户、村、县，实现环环相扣的农村物业替代环卫清洁，不但缓解了农村环卫人员不足的问题，也解决了农村垃圾面源污染问题。

五是"一把扫帚"扫到底模式。德清创新"一把扫帚"管理体制，成立德清县城乡环卫管理一体化工作领导小组，将全县范围内的 12 个集镇、151 个行政村、1211 条河道、1093 公里道路的环卫保洁、垃圾清运、公厕管理和 2193 万平方米的绿化养护管理，全部委托县城市管理行政执法局（县城乡环卫发展有限公司）统一实施管理，统一环境卫生管理主体、作业范围，实现清扫保洁全域覆盖，实现城乡全天候保洁；统一环境卫生清扫保洁标准，城乡同标准、同要求；统一环境卫生垃圾处理收费主体。

资料来源：邵晨曲、孔朝阳：《共建浙江"大花园"——扎实推进我省农村垃圾治理和分类处理工作》，《浙江日报》2017 年 8 月 7 日，第 13 版。

 经验借鉴

浙江省率先启动的"千村示范、万村整治"工程，不仅积极推进"五水共治、治污先行"的决策部署，也让广大村民知道农村垃圾也可以通过垃圾的治理和分类实现垃圾的减量化、无害化和资源化。由于农村不像城市，不同的农村地形地貌、经济发展水平不同、文化和科技水平均存在一定的差异，因此在垃圾整治尤其是农村垃圾整治的过程中，政府也需要采取不同的整治分类模式和管理模式由点到线、由线到面、由浅到深分层逐次推进农村生活垃圾治理工作。机器快速成肥模式和太阳能沤肥模式，可以在有机肥需求量较大的地区最大限度地实现垃圾的回收利用，满足农业生产的发展需要；环保酵素处理模式、厌氧发酵模式、黑水虻高效生物转化处理模式和生物制气模式等可以将农村垃圾通过一系列的技术处理成生产生活所需要的沼气、饲料、环保清洁剂，不仅减少了废弃物，变废为宝，有效地实现垃圾减量和经济效益，同时也符合能源再回收利用的绿色环保理念，一举多得；而在垃圾的分类回收中，二次污染的现象也时有发生，应提高垃圾堆肥和焚烧的技术水平，争取做到杜绝二次污染。为了扎实推进农村垃圾治理和分类工作，政府部门应该完善垃圾分类的运营模式，使垃圾分类治理的各个环节环环相扣，小到村民个人，大到各个乡镇街道，各乡镇联村治理或是将垃圾外包给专门的企业机构，以求最大限度地减少垃圾处置量，实现垃圾循环资源化利用。

五、浦江县：全国垃圾分类和资源化利用示范县

关键词：政府；垃圾分类；创新机制；垃圾发酵；督察

 案例全文

2013年以来，浦江县紧紧围绕浙江省委、省政府重要决策，认真践行"两山"发展理念，深入打好"五水共治""三改一拆""两路两侧""四边三化""小城镇环境综合整治""花漫浦江""垃圾分类"组合拳，以断腕之痛、涅槃之魄换回了绿水青山。全国违法建筑治理现场会、全国水环境综合整治现场会、全国深化集体林权制度改革现场会在浦江召开，浦江县连续三年荣获"大禹鼎"，获评全省首批"美丽乡村示范县"、全省首批"无违建县"、省"四边三化"行动优秀县，全省最美省道——S210桐义线浦江段，全省"最美公路"——侯蒲公路，全国首批"农村生活垃圾分类和资源化利用示范县"，全省首个协调推进"四个全面"战略布局试点县……浦江，正全速向全域美丽进军。

"两拣四分"，垃圾减量化成效显著

2015年以来，为进一步深化"五水共治"、推进"两美浦江"建设，浦江按照"分类优环境，环境惠民生"的要求，积极开展全县生活垃圾分类减量化处理和资源化利用工作。漫步在浦江乡村，宽敞整洁的村道，错落有致的房屋，清澈见底的池塘，充满欢声笑语的小公园，过去"脏、乱、差"的农村环境都成了历史，垃圾分类回收在美丽乡村建设中起到了不容忽视的作用。

为了分类更加精细、更加精准，浦江全面推行"两拣四分"程序，有效

解决了首次分类失误、途中二次混合、分类笼而统之等问题，垃圾减量化成效明显。全县年减少垃圾填埋 2.8 万吨，垃圾减量率达 50% 以上，垃圾填埋场使用年限翻番。

"四分"是指将生活垃圾分为"会烂""不会烂""可卖""不可卖"四种。首先，对生活垃圾粗分为"会烂""不会烂"两大类，再对不会腐烂的垃圾分为"可卖""不可卖"两类，鼓励农户和保洁员将不会腐烂垃圾中可回收、可卖的垃圾自行收集，实际需填埋处理的仅剩"不可卖"垃圾。

"两拣"是指农户一次分类、分拣员二次分拣。在进入垃圾微生物发酵设备之前，分拣员对收集的"会烂"垃圾再次分类，拣出混在其中的"不会烂"垃圾，确保 100% 的分类正确率。并且，分拣员根据二次分拣情况，对各村、各保洁员的垃圾分类正确率进行"好、中、差"三级评定，结合日流水登记表制度，为后续督察考核提供第一手依据。

如今，浦江已实现了城乡垃圾分类全覆盖。

机械发酵，垃圾资源利用最大化

"分类产生价值，垃圾变成资源。"这句话在浦江得到了生动的实践。在这里，垃圾分类处置站不仅不会让人避之不及，反而有人早起去那儿排队。

原来，排队是为了免费领取有机肥。在浦江的垃圾分类处置站，每天分类收集的会腐烂垃圾，经过加工后变身为有机肥料，免费供给有需要的农户。

通过垃圾分类，浦江全县每天大约能收集 100 吨会腐烂的生活垃圾。经过两天时间的发酵，这 100 吨垃圾会变成 25 吨左右的初品有机肥料，重新回到田间地头，"化作春泥更护花"。

事实上，目前我国城市垃圾收集后的处理，仍以卫生填埋甚至简易填埋为主。农村地区的垃圾处理更是相对薄弱。由于缺乏妥善的处理，大量宝贵的土地资源被垃圾占用。探索生活垃圾资源化利用，就是为了突破"垃圾围城""垃圾围村"的困境。早在 2014 年，浦江就在郑家坞镇、檀溪镇大坎村、杭坪镇薛下庄村开展了农村生活垃圾分类试点，取得了"先易后难、先谋后动、先处后分、先试后定"的工作经验，摸索和总结出了一套切实可行的"户分类、村收集、镇转运、县处理"分类模式，同时针对区域人口密度较小、垃圾产生量总体不大的特点，浦江采用了土地相对集约、处理相对快速的"生态处理中心"模式，成肥时间短、见效快，百姓容易接受。

如今，浦江每个（乡镇）街道至少配有一座生态处理中心，分类处理"会腐烂"垃圾。截至2017年8月，全县共有41台微生物发酵设备，日均处理"会腐烂"垃圾100余吨，实现了经济效益、社会效益的"双赢"。

通过机械发酵，不产生渗滤液，全县每年可节省填埋和渗滤液处理费212余万元。生态处理中心无臭、无须光照、无二次污染，选址较为机动，可靠近垃圾中转站建设，每年可节省垃圾清运费317余万元。

百姓得实惠。"会腐烂"垃圾经机械发酵设备处理，48小时即可出肥，经检测可全面用于农业种植、绿化维护，为农民提供大量免费资源。同时，在生态处理中心周边专门设立再生资源回购服务站，日均可回收废纸60吨、废塑料15吨，百姓年收益达3000余万元。

创新机制，城乡垃圾分类全覆盖

垃圾分类虽然看似小事，但做起来却不容易，全民主动参与更是难上加难，然而在如今的浦江，家家户户都主动分类，分类不好的还会不好意思。原来他们有一个垃圾分类排名考核机制，垃圾分类好的上"红榜"，分类很差的上"黄榜"，并接受大家的监督。

"我就不信我做不好，下个月我一定要上'红榜'。"前吴乡袅溪村在一次垃圾分类考核中上了"黄榜"的吴伟，对聚集在村"红黄榜"前的村民立了一个"小誓"，他对自己没有做好垃圾分类很是懊恼，希望在下个月的月考中能取得好成绩。自从垃圾分类排名考核机制实施以来，像吴伟这样不甘落后，成为了大多数浦江人的普遍心态。

垃圾分类巩固难、易反复。为此，浦江创新建立村（社区）、村（社区）干部、乡镇（街道）干部三级监督机制，倒逼垃圾分类成为一种行为自觉。推行村（居）民自治，把垃圾分类纳入村（居）规民约。借助村（居）规民约的全覆盖和影响力，将垃圾分类列入村（居）规民约中，明确奖惩，比如：若不履行垃圾分类义务则上"曝光台"，并不再享受村里（社区）的福利待遇。从而实现村（居）民自我管理、自我监督。压实村（社区）干部责任，把垃圾分类列入微信工作群点评。工作实不实，有图有真相。建立由乡镇领导、村（社区）干部组成的垃圾分类微信工作群，工作干不好直接拍照上传微信群"晾晒"，让村（社区）干部"红脸出汗"，哪里有不足直接微信群下任务，真正实现垃圾分类"微平台、秒受理"。

激发乡镇比学赶超，开展"垃圾分类示范村、十差村"评选。每月至少开展两次垃圾分类专项督察，根据分类正确率、垃圾桶清洁程度以及收集车收集质量对乡镇（街道）进行排名，排名情况在垃圾分类作战图上集中体现，每季度汇总排名情况。每月开展"垃圾分类示范村、十差村"和处理终端"红黄榜"评选，同时排名、评选结果在县群内通报，在县府大楼醒目位置公示，县领导点评，让乡镇领导等不得、坐不住，有效破解长效巩固难题。

资料来源: 佚名:《花漫浦江　美丽城乡——全国垃圾分类和资源化利用示范县浦江县纪实》,《浙江日报》2017 年 8 月 7 日，第 16 版。

经验借鉴

通过精细化的垃圾分类、将垃圾进行机械化发酵以及创新垃圾分类管理机制，浦江县真正实现了垃圾分类和资源化利用。面对市场上垃圾分类界限不明，村民对垃圾分类了解不清的难题，精细化的"两拣四分"不仅可以解决垃圾分类笼统的问题，还可以使垃圾分类达到 100% 的正确率，使垃圾减量成效明显。面对生活垃圾量大且缺乏妥善处理的问题，通过建立生态处理中心，对可腐烂垃圾进行机械发酵，不仅减少了二次污染，减少了政府的负担，而且还使可腐烂垃圾转变成庄稼需要的有机肥，使百姓得到了切实的优惠，提高了村民垃圾分类回收的积极性，实现了社会效益、经济效益的双丰收。而面对村民垃圾分类积极性不高的问题，垃圾分类排名考核机制则有效地提高了村民参与垃圾分类的积极性。浦江通过开展垃圾分类专项督察，提高乡镇领导对垃圾分类的重视程度；通过张贴垃圾分类红黑榜，倒逼村民垃圾分类成为一种自觉，使其不甘落后，自觉自愿进行垃圾分类。通过一系列创新的措施，高效率地提高垃圾分类程度及利用率，减少垃圾的填埋对土地的占用及危害，突破"垃圾围城""垃圾围村"的困境，真正做到"户分类、村收集、镇转运、县处理"，建设美丽宜人的乡村。

六、共建美好家园　共享美丽宁海

关键词：政府；绿色革命；全民参与；互联网平台；创新机制

 案例全文

　　盛夏走进位于浙江东部沿海的小城宁海，远处青山连绵、满目苍翠，近处屋舍俨然、庭院深深，绕村而过的河道清澈见底，两边街道一尘不染，美丽庭院鲜花盛开，老百姓脸上洋溢着满足的微笑。

　　这样让人舒心的画面源自宁海近几年开展的一场轰轰烈烈的"绿色革命"。2014 年起，宁海以先行先试的决心和勇气在宁波率先推行农村生活垃圾分类处理，通过破解三大建设难题、探索三大运行方法、创新三大维护机制，提升农村生活垃圾分类"建、运、维"水平。

　　"宁海正着力打造农村生活垃圾分类处理样板，全力建设'生态美、生产美、生活美'的美丽家园，打造'好空气、好风气、好福气'的美好生活。"宁海县主要负责人表示，通过垃圾分类的全民参与和全民共享，宁海这座生态优越的滨海小城不断彰显独特的山水魅力。

全民参与　巧妙破解谁来建

　　垃圾分类的执行者是人，这一小小的举动背后，关系到绿色发展的理念是否真正能落实到每一个环节、细到每一个人的体验。在宁海垃圾分类试点推行之初，就达成了这样一个共识：垃圾分类涉及千家万户，如果没有调动人的积极性，就难以取得预期效果。

　　针对农村生活垃圾分类涉及面广、人多而推广难问题，宁海县依托农办等部门统筹推进，通过组建专业讲师团，"一村一讲"动态化巡回宣讲。并按照"一村一员"方式，择选本村干部、党员志愿者接受培训，担任村级垃圾分类指导员，走村入街、现场指导、逐户落实，常态化带动全民参与、共推共建。

"相较于城市，农村人口相对稳定，且是熟人社会，充分发挥村民自治、熟人监督，往往有意想不到的效果。"宁海农办相关负责人表示，利用村民"好面子"的心理，宁海推行网格化管理，在每个网格内指定督查评分员，在村与村之间、户与户之间采取"先进榜单""流动红旗"等比赛机制，让优秀的农户有动力、落后的家庭有压力，实现村民之间相互竞争、共同进步。

截至2017年8月，宁海已开展巡讲280余场，实现生活垃圾分类实施村全覆盖，包括18个乡镇（街道）在内的70余家机关事业单位、204个行政村超20万人积极参与，农村覆盖率近六成。选派"第一书记"118名开展全日制、全方位、全身心蹲点帮扶，推进全民参与、共建共享。

垃圾分类是一个全社会的综合系统工程，必须从政府、企业、家庭、个人等各个层面全社会共同发力，缺一方而不可为。针对农村生活垃圾分类工作人员、资金等要素制约，宁海结合美丽乡村建设，鼓励引入PPP等投融资方式，促进垃圾分类专业科学、常态长效。

梅林仇家村采用环卫PPP治理模式，将包括垃圾分类等在内的环境治理与农村开发权限挂钩，吸引企业负责购建环卫设备设施，以及推进生活垃圾分类，村庄环卫考评从街道倒数跃居街道之首、全县前列，群众满意率95%以上，为镇村减少环卫成本达50%；西店镇引入日本株式会社江南舍公司，按照2000人口标准，区域化设立保洁与垃圾回收处理站，外包式专业回收、分拣和管理垃圾。

为了缓解垃圾填埋场库容饱和、生活垃圾骤增围城困境，宁海在垃圾填埋场"扩容延寿"的基础上，全面配置分类垃圾桶、清运车等设施，区域性布点安装餐厨垃圾生化机，锁定源头管理、紧抓过程控制、落实末端处理，实现农村垃圾的减量化、资源化。目前，全县农村建成"餐厨垃圾再利用中心"91个，日处理量可达60吨。

正是在从上到下的共同努力之下，宁海的这场垃圾分类"攻坚战"取得了明显的成效：垃圾终端处理量减少，资源回收利用率提高，一降一升之间，老百姓的环保意识提高了，家家户户的庭院美丽了，催热了庭院经济，提升了宁海的整体形象，吸引了更多的游客。

探索方法　运行水平再升级

岔路镇下畈村，地处宁海县西南部，是宁海垃圾分类的试点村。漫步村道，一幅田园山水映入眼帘：河水清冽，农舍雅致，村庄整洁，路沿、河边不见一片污迹。很难想象昔日垃圾成片、污水横流的景象。

岔路镇党委副书记陈晗波表示，下畈还是首批宁波最洁美村庄，村容村貌的变化与全村老少通过"垃圾分类""定点定时投放"等习惯养成有着密不可分的关系。前些年，岔路镇与宁海其他乡镇一样，建立起农村生活垃圾户集、村收、镇运、县处理的收集运输处置体系。

各村把农户的垃圾收集后，统一集中在各村的垃圾池，再由镇环卫所集中清运到环卫所的垃圾中转站，经过压缩后，统一运送到县垃圾填埋场白桥外埠头集中填埋。目前垃圾分类已经从试点的下畈、干坑等 6 个村普及到其余 15 个村，实现了全镇行政村全覆盖。

岔路镇的美丽蝶变只是宁海开展垃圾分类试点成效的一个缩影。自垃圾分类工作开展以来，针对当前生活垃圾类别不同而处理方式相对单一的现状，结合地域情况，宁海采取分类处置法，化整为零。

对废纸等可回收垃圾，通过县再生资源回收公司区域设点，建立互联网平台，定期上门收购；对废旧电池等有害垃圾，由村庄定时集中回收，再送环卫部门统一处理；对建筑垃圾，以及占农村垃圾近六成的餐厨垃圾，因村制宜，资源化利用。根据第三方机构对 30 个省级试点村抽查统计，生活垃圾综合减量率达 58%，转运量下降达 49%，环卫成本下降近六成。

"垃圾是放错地方的资源。垃圾分类处置法只是一小步，最终目的还是要实现农村垃圾的减量化、资源化、无害化。"宁海县农办相关负责人介绍，宁海采取"建筑垃圾铺路、餐厨垃圾施肥、其他生活垃圾创意设计"等方式，通过垃圾袋编码、积分超市、绿色当铺等方法，实现资源化利用，变废为宝。

在双林、天河等民宿集聚村，通过将餐厨垃圾变成有机肥，建立有机农业生产基地，打造"餐厨垃圾—有机肥—有机农业基地—配送中心—农户"的绿色产业循环链。2017 年初，宁海还与宁波市农业科学院合作，开展了农村生活垃圾机械成肥作物应用试验，完成了土豆、番薯等农作物试种实验，并出具有机肥检测报告，土豆对比增产 32.84%，餐厨有机肥中有机质含量高达 89%。

此外，针对农村垃圾分类动态信息跟踪难的情况，宁海在下畈、梅山等村设置智分类数据管理云平台，推行信息化管理，实现对区域性垃圾分类数据信息的收集、存储、统计、汇总，打通了垃圾分类"户—村—乡镇—县主管单位"和"垃圾产生—垃圾分类—分类收集—分类处理"的全渠道，推动垃圾分类进入"2.0 智能时代"。

创新机制 成效维护有保障

垃圾分类不是一时兴起的权宜之计，需要持续坚持，需要机制保障。垃圾分类也不是一个独立的环节，而牵涉到方方面面，需要多方努力，需要习惯养成。宁海垃圾分类先行先试，走在宁波市甚至全省前列，对于如何保障成效，宁海创新了三项机制。

一是创立"共建基金"，让资金保障更长效。为实现垃圾分类运行资金长效保障，在各乡镇推行"绿色家园共建基金"制度，并列入乡镇财务核算中心专项列支，接受审计监督。该基金采取农户缴纳（12 元 / 人·年）、县镇两级财政补助（100 元 / 人·年）、社会捐赠等方式筹措，用于生活垃圾分类设施维护和人员经费保障。此外还用于优秀保洁员（分拣员）、先进户的奖励。截至 2017 年 8 月，已建立共建基金 30 个，募集落实资金 300 多万元。

二是创设"对账清单"。通过建立农村垃圾分类对账清单制度，即设立"队伍建设""制度建设""硬件设施"等五个板块，每个板块下设"实施内容"和"操作环节"，具体细分 23 项内容，对各村垃圾分类工作实行对账考评，倒逼查漏补缺。同时，定期开展下村检查，通过随机走访农户家庭、召开保洁员会议等措施，督促提高对账效果。

三是创建"管理网络"，让责任落实更到位。综合考虑人口、面积等因素，以乡镇行政区划为单位进行网格化布局，将各个村庄分成若干管理网格，每个网格安排"保洁＋督察"两支民间队伍，借助"村民互督"自我管理，实现村庄日常卫生保洁督查的"零成本"。将管理督察结果与项目安排、资金奖励挂钩，考核优秀的村庄予以全额发放"以奖代补"保洁经费，考核良好和及格的村庄按 80% 和 60% 予以发放，考核不合格的村庄，取消发放资格。

可以说，在垃圾分类的处理上，宁海一直在探索"群众能接受、财办能承受、发展能持续"的管理办法，破解了垃圾分类三大建设难题，探索出三大运行方法，创新了三大维护机制，全面提升了农村生活垃圾分类"建、运、维"水平。

"垃圾分类事关周遭环境，与每个家庭每个居民切身利益相关。我们探索出的奖惩机制，最终的目的也是居民环保意识的自然养成，而不是眼前的物质奖励。"宁海农办相关负责人表示，周围环境的改善，也实实在在给老百姓带来了成就感，美丽环境催发的美丽经济让老百姓参与垃圾分类更加积极、更有动力。

以下畈、双林等民宿集聚村为例，下畈仅一年吸引考察团上百批次，接待游客上万人次，带动岔路民宿突破 30 家，节假日入住率超 95%；双林农家乐经营额增幅超 20%。环境的改善最大可能地"反哺"到老百姓的收入当中去，从而让垃圾分类不再停留于一个口号，而成为老百姓的自觉行为和自觉意识。

作为《徐霞客游记》开篇地，宁海正以得天独厚的生态禀赋，和逐渐提升的文明意识，展开生态美、生产美、生活美的美丽画卷。

资料来源：黄丽丽、陈永泽：《共建美丽家园　共享美丽宁海》，《浙江日报》2017 年 8 月 7 日，第 21 版。

 经验借鉴

面对目前农村垃圾分类涉及面广且多数村民对垃圾分类认识不足，村民垃圾分类积极性不高的问题，可以采用巡回宣讲的方式增强村民对垃圾分类的认识，由党员干部逐户落实，带动全民参与。由于农村属于熟人社会，村民大多相识，因此在推行垃圾分类时可以充分利用村民自治，利用村民"好面子"的思想，为村民进行垃圾分类提供充足的动力，以求做到全民参与，共建共享。面对农村生活垃圾数量大种类多的问题，将垃圾分类放置，定时定点投放，化整为零。定时定点集中分类回收可以使垃圾按照不同的种类进行回收再利用，厨余垃圾经过技术化处理可以变成作物的肥料，其他的垃圾则可以经过创意设计进行二次利用，变废为宝。面对农村垃圾分类动态信息跟踪难的情况，可以利用云平台，推行信息化管理，真正做到垃圾的实时追踪，推动垃圾分类进入智能时代。

如何保障垃圾分类的成效，资金是其中的关键一环，为了保持资金的长效运转，可以尝试建立垃圾分类专项基金，确保垃圾分类项目的长期稳定运转；为了更好地落实垃圾分类政策，政府可以通过督促考核确保垃圾分类落到实处，创建网格化布局的管理网络，借助村民自我管理，达到日常卫生保洁的"零成本"。

七、象山：掀起农村可持续发展的"绿色革命"

关键词：政府；垃圾分类；绿色革命；源头抓起；监督

 案例全文

位于浙江东部的象山半岛，三面环海、两港相拥，一个个海湾小村，如星子一般散落在半岛之上，点缀在大山、海滨和平原之间，彼此相望、牵连，共同勾画出象山一派自然清新的山海图景。

随着近几年美丽乡村建设转型升级，象山县掀起了一场声势浩大的可持续发展的"绿色革命"，其中农村生活垃圾分类处理工作更是可圈可点，从这一点出发，农村之美，由外向内、由内向外相互给养着、促进着，共同成就了另一番风味的村落风景，酝酿出老百姓心里久久散不去的甜。

抓好"三环节"，垃圾分类铿锵前行

开展农村生活垃圾分类处理工作是改善生态环境、实现农村可持续发展的"绿色革命"，同时也是一项系统性、长期性工程，需要全社会的协同推进、积极参与。坚持"政府推动、市场运作、公众参与"原则，象山县按照设施建设先行，政策扶持配套，社会公众参与、市场运作共同推进的要求，开拓创新，着重抓好"源头、收集、处置"三个环节，积极开展农村生活垃圾分类处理，效果显著。

抓好源头环节，从顶层设计入手，由上至下，将垃圾分类处理的理念贯彻执行。政府引领，通过成立象山县农村生活垃圾"三化"处理工作领导小组，统筹落实农村生活垃圾分类处置工作，构建县、镇、村、户四个层面制度运行体系，层层落实责任；有据可依，出台《象山县推进垃圾分类处理与资源循环利用工作实施方案》和《象山县农村生活垃圾分类减量化处理资源化利用工作实施方案》，明确目标任务和政策措施，实现垃圾分类全覆盖。推进全民宣传，建立垃圾分类讲师团、督导员和志愿者三支队伍，编印下发《生活垃圾分类指导手册》《再生资源回收利用指导手册》，创新开展垃圾分类"我就是影响力""垃圾去哪儿了""妇女帮帮团"公益环保等活动，提高群众的知晓率与参与度，让垃圾分类成为象山人的"新时尚"。

抓好收集环节，通过分类投放、定时定点回收、分类清运，进一步细化垃圾收集的各个环节，不懈怠每一个细节。例如，在分类清运过程中，完善清运设备，由政府统一改装垃圾清运车，中间焊接一块铁板，改造成"干、湿"分离两层式垃圾清运车，防止出现分类垃圾"一起装"的现象。与此同时，各村还创新垃圾分类收集模式，实行网格化管理，最大限度地保障了垃圾分类处理的实现。墙头镇溪里方村将全村划分为 10 个片区，每个片区设立片长 1 名、义务监督员 2 名以及垃圾分类投置点 1 个，配备 4 个不同颜色的垃圾投置桶，以图文形式标注垃圾类型，方便村民分类识别及投放。此外，还对分发至每户家庭的可降解垃圾袋进行分片编写"袋码"，确保每一只垃圾袋都能找到"主人"，便于片长和监督员更好地动态掌握每户家庭垃圾分类与投放准确率。

抓好处置环节，从末端发力，做好最后的把关，真正做到垃圾分类处理的减量化、资源化、无害化。根据镇乡（街道）地理分布和产业特性，推行多样化终端处置模式。针对处理站堆肥效果不佳、处理时间长的缺点，运用添加微生物等方式进一步提升处置效果。定塘镇小湾塘村依托原有的太阳能垃圾处理站进行维修整改，采用渗滤液回流及增加微生物菌种，缩短堆肥时间，提升堆肥效果。加大机械成肥推广力度，采用一村一终端或区域联建共享等模式处理垃圾。墙头镇盛王张村等四村采取区域联建共享终端的模式，在公共区域建设一个机械成肥处理终端，有效地节省了建设费用和用地指标。借助资本力量，实行市场化处置。大徐镇依托海口村的微生物处理公司，将分类出的厨余垃圾收集转运至公司虻虫养殖场，作为肥料用于饲养虻虫，既减少了政府垃圾处置费用，又减轻了企业生产成本，实现了"双赢"。

答好"富民卷"，美丽经济如花盛开

绿色，是美丽乡村发展的底色。

农村生活垃圾有效分类不仅是打造美丽乡村升级版的前提，同时更是扎

扎实实的民心工程，改善老百姓生活环境，富民增收，以美丽生态撬动美丽经济，是"两美象山"的又一个生动实践。

经过几年的不懈努力，截至 2017 年 8 月，在象山"户集镇运县处理"的农村生活垃圾处理模式已经全面建立，覆盖全县 18 个镇乡（街道）490 个行政村；垃圾处理设施逐步完善，建立处理站 228 处，垃圾腐化仓 573 仓；农村垃圾"三化"处理工作有序推进。

同时，立足实际，象山以提升农村品质为目标，积极打造全域景区化，走出了一条低成本可持续的美丽乡村建设路子。

其中，古村落溪里方村就是一个缩影。垃圾堆积曾是这里见怪不怪的"风景"，如今再故地重游，漫步村间小道，清新古朴之气袭人，历经岁月的老宅子，洁美整洁的环境，点缀在田园庭院的花花草草，无不让人身心愉悦。留意每个巷口，都整整齐齐地安放了 4 个不同颜色的垃圾桶，用来分类收集厨余垃圾、可回收垃圾、其他垃圾、有害垃圾。古村落焕新颜，华丽转身，让来往于此的游人们流连忘返。

"绿水青山，才能源源不断带来金山银山。自垃圾分类处理实施起，家乡就在一天天变美，村里的乡亲们也养成了定点定时倒垃圾的习惯，自觉维护起生活环境"，溪里方村一民宿主人说道："家乡环境越来越好，来玩的客人也就越来越多，这不每到假期，我家客房几乎都住满了。"

重新审视这片海风习习的土地，你会看到这个半岛新农村在恣意释放着独有的美丽和风情。象山，按照"小康村重环境、中心村重集聚、特色村重韵味、提升村求跨越、精品线显形象"的要求，打造出了一批富有乡村特色的优美村落群、彰显山水风情的亮丽景观带，累计创建全面小康村 82 个、中心村 12 个、特色村 24 个、提升村 71 个、市级精品线 4 条。

"对于我们而言，农村垃圾的分类处理只是美丽乡村建设的一小步，今后，我们还将继续夯实，同时多措并举，不断提升象山县的乡村'颜值'，以期实现美丽经济的进　步发展，最终实现村民致富、集体增收的'双赢'格局。"象山县农办相关负责人补充道。

唱响绿色强音，象山在践行农村垃圾分类处理的征途上一路高歌，立于潮头。

资料来源：佚名：《象山：掀起农村可持续发展的"绿色革命"》，《浙江日报》2017 年 8 月 7 日，第 22 版。

经验借鉴

　　在垃圾分类的过程中，要抓好"源头、收集、处置"三个环节，坚持"政府推动、市场运作、公众参与"原则。源头是垃圾分类的重中之重，农村每天都会产生大量不同种类的生活垃圾，由于农村缺少相应的技术手段，这些垃圾多数被随意堆放或者是被填埋，极易对土地、空气、水资源产生危害，对此政府应该从源头抓好，制定好垃圾分类相应的处置措施，出台相关的政策，使垃圾分类有据可依，从根源上杜绝垃圾随意放置填埋的问题。通过对垃圾的分类投放、定时定点回收、分类清运等做好垃圾的收集，最高效率保证每户垃圾分类与投放的准确率。对于分类收集好的垃圾，处置环节也要及时跟上。可以通过添加微生物的方式使垃圾分解更加高效，缩短堆肥时间，提升堆肥效率，减少政府与企业的处置成本，提升企业的经济效益。

　　在垃圾分类较完善的村庄，可以打造绿色和谐的生态旅游基地，打造全域景区化，建设低成本可持续发展的美丽乡村。按照"小康村重环境、中心村重集聚、特色村重韵味、提升村求跨越、精品线显形象"的要求，打造富有乡村特色的优美村落群、彰显山水风情的亮丽景观带，以促进农村的经济发展，提高村民的生活水平，为建成小康社会做好积极的准备。

八、绍兴：建设生态城市共享品质生活

关键词：分类处置；深度洁净；BOT 模式

 案例全文

　　天蓝水清、绿树成荫，街道整洁——这是绍兴留给外来游客的美好印象，也让本地人幸福感满满。

　　但在日常生活中，无论是居民还是村民都是生活垃圾的制造者和排放者，越来越严峻的环境压力，倒逼生活垃圾分类工作，只有实现垃圾的减量化、无害化和资源化，才有可能从源头上解决"垃圾围城"的困境，营造一个良好的生态环境。

近些年，随着环保意识的提升，人们对市区环境卫生管理水平和城市品质有了更高的要求，"以克论净、深度清洁"模式成为环卫保洁管理精细化的新抓手。

垃圾分类工作有序推进

垃圾分类工作既是居民的"家事"，也是城市的"公事"。从 2015 年 3 月开始，绍兴市按照"试点先行、有效扩面"的方针，推进生活垃圾"标准化分类、规范化转运、资源化处置"。截至 2016 年 11 月，城区开展垃圾分类工作的单位覆盖各级机关、事业单位、国有企业和学校，分类居民小区达 472 个，总覆盖率达到 70% 以上，超过省下达的分类总覆盖率 67% 的要求。

2016 年初，根据绍兴市委、市政府的部署，围绕"最大限度地减少垃圾处置量，实现垃圾资源化循环利用"目标，在全市 1029 个行政村开展垃圾分类工作，占规划保留行政村总数的 50%。

通过近两年实践，已基本建立了部门牵头、属地负责、街道社区（乡镇和村）落实的垃圾分类投放体系，"以政府购买服务，第三方收集运输和环卫部门收集运输相结合"的垃圾转运机制和"以餐厨垃圾处置为重点，其他垃圾处置设施配套完整"的垃圾分类处置系统。

用服务引导习惯养成

由于民众受传统生活习惯的影响，垃圾分类覆盖率的每一点提升都需要环卫部门付出艰辛的努力。

在现实生活中，很多居民即使知道垃圾分类的重要性和对环境的好处，但也会为了贪图一时方便而在垃圾分类上缺乏行动力。要改变这种生活习惯，首先得从"软件"入手，将垃圾分类的重大意义告知公众，用细致入微的服务引导垃圾分类习惯的养成，最终激发公众行动的自觉动力。

环卫部门充分利用电视、广播、报纸和网络等媒体渠道广泛开展宣传，印制分类指导手册 20 万份，印发倡议书 25 万份，积极营造舆论氛围。绍兴市建设局编制 4 套培训专用 PPT，举行了近 30 场次、2000 多人次参加的垃圾分类工作业务讲座，普及垃圾分类知识，提高市民垃圾分类意识。市直各牵头部门（单位）也开展了牵头线上的宣传教育工作，如市教育局举办了各种形式的"垃圾分类进课堂"活动。各街道、社区（乡镇、村）运用宣传海报、宣传橱窗、电子显示屏 QQ 群等资源，推进垃圾分类宣传"进单元（村）、进楼道、进家庭"，切实增强市民垃圾分类意识。

为了适应城乡不同的生活环境，绍兴市采用了两种垃圾分类方式，城区按照"四分法"分为厨余垃圾、可回收物、有害垃圾和其他垃圾，农村从农户源头一般按可烂垃圾（厨余垃圾、有机垃圾）和不可烂垃圾（其他垃圾）"两分法"进行分类，村或乡镇按可烂垃圾（厨余垃圾）、可回收物、有害垃圾、不可烂垃圾（其他垃圾）"四分法"进行分类。

为提高农村生活垃圾分类质量，一般采取"三次分拣"的垃圾减量机制，建立上门收集保洁员、村分拣督导员、进仓管理员三支队伍，先由农户按"两分法"将可烂、不可烂垃圾分类投放于统一配置的垃圾分类桶，再由村保洁员负责定时上门收集并按"四分法"进行二次分拣，最后进入处置站或中转站后由进仓管理员进行三次分拣。各地统一购置垃圾分类桶和清运车辆，做到分类、密闭清运，严格防止"二次污染"。

用技术引领硬件提升

从源头的垃圾分类到终端的无害化处理，有一个重要的中间环节——分类处置。垃圾分类处置是一个系统工程，2016 年以来绍兴总共投入 7 亿多元有效推进体系建设。在分类收运方面，新增垃圾分类运输车 38 辆，开设分运专线 21 条，垃圾分类覆盖范围内已实现 100% 分类运输。

在分类处置方面，城区餐厨垃圾处置通过"BOT"融资模式，柯桥区日处理 100 吨、越城区（高新区）日处理 50 吨和上虞区日处理 75 吨的 3 个新建餐厨垃圾应急处置项目，已建成投运。农村可烂（有机）垃圾处置，柯桥区、上虞区采用集中处理方式，两个处置中心目前通过招投标，将在年底前建成投用；诸暨市 94 个可烂（有机）垃圾处置站（点）主体工程全部完工，其他区、县（市）的可烂（有机）垃圾处置站（点）正在抓紧建设。

可回收物和有害垃圾，分别由市供销总社下属的物资回收企业和华鑫环保、众联环保两家危废处理公司进行回收利用和处置。其他垃圾沿用原有的垃圾处置体系，由三家焚烧厂和两个填埋场进行处置。

"以克论净、深度清洁"模式已成为城市环卫保洁管理精细化的新抓手

深度清洁工作实施方案提出，在越城区（高新区）、柯桥区、上虞区、袍江经济技术开发区建成区范围，城市道路及公共区域责任区地面垃圾停留不超过 5 分钟，机械洗扫责任区地面每平方米尘土不超过 5 克。垃圾收运车辆无抛洒滴漏，工地出入口整洁卫生，市容市貌规范有序，保洁责任网格全覆盖，环卫保洁管理智能化，并逐步延伸推广至小区保洁。

为达到这一目标，环卫部门着力推行了五个方面的工作：保洁作业标准化、垃圾清运规范化、设施配套合理化、市容管理长效化、监管考核常态化。其中对人行道、行车道、天桥、广场等区域实施网格化管理，常年保持路况完好平整；清洁环卫设施，消除脏、乱、臭；优化环卫队伍，改善环卫工人待遇，降低年龄层次，加强业务培训，力求打造一支年轻化、专业化环卫队伍。

在垃圾清运方面，规范垃圾收运车辆，淘汰所有非密闭式生活垃圾收集、清运车辆，避免"二次污染"；提高厨余垃圾分类质量，实行生活垃圾分类清运、分类处置。做好餐饮垃圾专项收运工作，做到应收尽收；所有施工工地进出口进行硬化处理，安排清扫人员，配备车辆冲洗设备及相应的排水和泥浆沉淀设施。

垃圾分类知易行难如何破题

世界先进国家的经验也表明，基于环保理念的垃圾分类知易行难，社会公众从知晓概念到身体力行，绝非朝夕之间可以转换完成，这有赖于国民整体素质的提升，社会法治的完善，以及合理的激励机制引导。这种进步只能是润物细无声，在一步一个脚印的不断积累中踏实前行。

实施垃圾分类说到底是一项民生工作，特别需要直接同老百姓见面、对账，来不得半点虚假，既要积极而为，又要量力而行；既要知难而进，又要

有足够的耐心，遵循社会发展的客观规律，行稳致远。

推进垃圾分类工作是本年度的重要工作，这项工作牵涉面广，基础薄弱、情况复杂，难度不小，既需要政府部门秉持"日拱一卒，功不唐捐"的精神，尊重规律、紧贴实际，科学决策、稳步推进，在不断的积累中实现量变到质变。同时也需要社会各界给予更多的支持和关怀，让这项民生工程扎实推进，持续发力，取得实效。

资料来源：丁红娟：《建设生态绍兴　共享品质生活》，《绍兴日报》2016年11月21日，第8版。

 经验借鉴

无论是居民还是村民都会产生大量的生活垃圾，垃圾分类已经成为建设生态环境，共享品质生活中不可或缺的一环。为了解决"垃圾围城"的困境，营造一个良好的生态环境，首先，绍兴市委、市政府应该严格遵循"试点先行、有效扩面"的方针，推进生活垃圾"标准化分类、规范化转运、资源化处置"，推动垃圾分类工作的有序进行；其次，由于很多居民缺乏垃圾分类的行动力，即便知道垃圾分类的重要性，也因为对垃圾分类标准不明、懒于进行垃圾分类、缺少垃圾分类相应设施等正确做到垃圾分类，对此环保部门应该增强垃圾分类的宣传，政府及时有效地设置垃圾分类的硬件设施，从内外部环境满足居民对于垃圾分类的需求，用服务引导习惯的养成。垃圾的无害化处理有一个重要的中间环节——垃圾的无害化处理，这一环节对技术的要求极高，可以通过"BOT"融资模式吸引社会资金进入垃圾分类这一环节，为技术的提升提供相应的资金支持，用技术引领硬件的提升。通过改善工人的待遇，降低工人的年龄，打造一支年轻化、专业化的团队，对工地、小区等各个场所进行专业化打扫以达到深度清洁。垃圾分类想要落实到位绝非朝夕，需要通过国民素质的提升，社会法制的完善，激励机制的建立一步一个脚印完成。

第五篇

垃圾倾倒和垃圾污染监管

一、你以为垃圾倒在邻县的山坑就没事了？

关键词：复绿工程；环境监管；法律制裁

 案例全文

　　原本是一项整治废弃矿山的复绿工程，但在仅 4 个月的时间里，复绿的矿山就变成了由万余吨工业造纸垃圾堆积而成的垃圾山！2017 年，诸暨市检察院对向诸暨南泉岭矿山复绿工程倾倒工业垃圾的刘某、楼某、周某等 8 人做出了批准逮捕决定。

　　同时，在诸暨和杭州富阳两地相关部门的共同努力下，经诸暨市检察院介入监督，这座"移来"的垃圾山正日趋缩小瓦解。但是，由此引发的环境污染，却很难在短时间内消除。

用垃圾填埋矿坑"一举两得"只为捞金

　　矿山复绿是指对采矿开挖后的矿山采取工程、生物等措施，使地质环境稳定、生态恢复、景观美化。

　　2016 年 3 月，诸暨人刘某和楼某通过挂靠湖北省一地质勘查建筑公司的方式，获得了诸暨市陶朱街道前宅村南泉岭废弃矿山复绿工程的项目。该工程项目位于诸暨南泉岭隧道附近，距诸暨主城区约 15 公里。本来，刘某和楼某的任务是修复南泉岭的生态环境，让大山重现绿色，但他们一心想的却是怎样继续利用南泉岭捞钱。

很快，刘某、楼某结识了为富阳多家造纸企业处理废弃物的"黄牛"——诸暨人周某。聊天中，三人发现南泉岭矿山凹陷，四周高中间低，倾倒垃圾不易被发现，是个倾倒垃圾的好地方。而且，把大矿坑用垃圾填平，刘某和周某不仅不用花钱还能赚钱，而周某作为"中间人"也能从中大捞一笔。于是，三人达成共识：向南泉岭矿山凹陷区内倾倒垃圾，从中各自获利。

开挖后的南泉岭矿山，中间形成了一个巨大的锥形开阔区，此处也就是刘某、楼某和周某合谋后填埋垃圾的区域。事情商定之后，从 2017 年 1 月开始，装运垃圾的大卡车开始不断地开进南泉岭，把一车车造纸废弃物倒进矿坑。这些废弃物，都来自周某联系的富阳的造纸企业。复绿的矿山就此被各种包装盒、塑料袋、破雨布和淤泥填埋，各种废弃物混杂在一起，散发出阵阵臭味，堆积成了一座垃圾山。

每天频繁进出的垃圾车，引起了附近居民的注意。4 月 17 日，诸暨市原环保局接到市民举报后迅速赶到南泉岭，在矿山复绿工程内，现场截获 4 辆满载垃圾的大货车，并由此发现了矿坑内隐藏着的巨型垃圾山。

环境严重污染，检察机关第一时间介入监督

经环保部门查实，矿山的垃圾倾倒总量已超过 11000 吨。这些垃圾，均来自富阳大源镇的某造纸工业园区。

经环保部门现场水样检测，该处垃圾渗水中含汞、砷等有毒有害物质，污染物 COD 的指标达到了 4000 毫克每升左右，超过地表水 V 类水标准 100 倍之多，超过污染物排放标准 40 倍以上。经环保部门初步评估，该案的生态环境损害价值高达 300 多万元。

诸暨市检察院得知该情况后，第一时间联系环保部门介入监督，并多次随环保工作人员一起实地走访调查。

经调查了解，诸暨市检察院民行科检察官甄洪磊了解到，富阳部分造纸企业买来的造纸原料，往往夹杂着塑料带、包装盒等，因为这些东西生产上不能用，造纸企业就要作为废弃物另行处理。在富阳，这类废料有指定的处理点，但处理价格较高。为了节省成本，一些企业就会找不具备资质的个人或单位，偷偷摸摸处理掉。

甄洪磊算了一笔账：正常处理 1 吨工业固废需数百元，而像这样偷倒进废弃矿坑里，一车垃圾的成本大约 2300 元，按照一车 30 多吨计算，每吨处理费只要 70 多元。这一车 2300 元的"处理费"，就被刘某、楼某、周某瓜分。刘某等三人共倒了 300 余车，非法获利数十万元。

两地联手治理跨区域非法倾倒

怎样尽快移走这座垃圾山，怎样将环境损害降到最低，怎样迅速锁定不按规定处置废弃物的造纸企业？

在汇总相关情况后，诸暨市检察院向诸暨市环保部门发出检察建议，建议环保部门做好现场保护，防止污染物产生的渗漏液污染土壤，影响周边水库；尽快启动涉案生态修复赔偿工作，加大辖区内废弃矿检查力度；对外市进入本市倾倒垃圾的行为，要制定相关制度，研究部署切实可行的行动方案；要及时与富阳环保部门联系，做好污染物的回运处置工作，并联合出台相关文件，从制度层面上加强两地环保部门联合执法，从源头上治理跨境倾倒垃圾的问题。

诸暨和富阳两地均成立了调查处置小组，协调处置偷倒的垃圾，同时开展生态环境损害评估，追查涉事企业。在南泉岭工业垃圾处置工作协调会上，诸暨市检察院就处置方案提出了专业的法律意见。

为使两地检察机关形成监督合力，诸暨市检察院还派员专程赶到杭州富阳区检察院，向该院通报了富阳造纸企业跨区域倾倒的问题，建议两院建立"联合监督跨区域非法倾倒工业垃圾污染环境行政执法工作机制"，并得到了富阳区检察院的积极回应。

近日，诸暨市检察院的检察官与环保部门相关负责人再次来到南泉岭，看到的是施工车正忙碌地运走垃圾的情景。"事件发生后，我们在第一时间采取一系列紧急措施，并经与富阳环保局协商决定，将垃圾全部运回富阳进行处置。目前已运回 5000 多吨，后续工作正在进一步沟通协商中。" 环保部门负责人说。

经查，该案涉及刑事犯罪十余人，其中刘某、楼某、周某等 8 人已被诸暨市检察院以涉嫌污染环境罪批准逮捕，1 人被刑拘。

资料来源：许梅、若余：《你以为垃圾倒在邻县的山坑就没事了？》，《浙江法制报》2017 年 5 月 31 日，第 5 版。

不经过专业的处理就将垃圾就地填埋，不仅不会增强土壤的肥力，还会危害附近的水、土地、空气资源，甚至对人的身体健康产生极为不利的影响。矿山复绿本来是一件利国利民的好事，却因为垃圾的填埋使土地失去了原有的活力，这在一定程度上也体现出了政府和社会各界在垃圾治理方面的不足之处：垃圾治理缺乏相应的规章制度，人们的环保意识较差，对垃圾分类回收的重视程度不够。而面对已经被污染的土地，如何处理才能使损失降到最低，也是社会的一大难题。面对已经被污染的土地，环保部门应该尽快做好环境保护，防止垃圾的泄露影响周边的土壤和水库；政府制定好相关的制度，防止跨区域垃圾倾倒的事情再次发生，从源头上杜绝此类事情的发生；做好污染物的回运处置工作，使污染物能在合适的场所发挥其自身的价值。

经济效益固然重要，但发展经济绝不能以牺牲环境为代价。企业若是只注重经济效益，难以取得长久的发展；个人若是只注重经济效益，必然会遭到法律的严惩，长此以往难以在社会上立足。无论是企业还是个人，都不应该把经济发展作为首要任务，要坚持发展经济与保护环境并重。

二、擅烧工业废料当心坐牢

关键词：政府；打击环境犯罪工作；通报了七起典型环境违法案件；垃圾焚烧等案件

案例全文

工业废料往往成分复杂，需要运到专门的厂里处理。然而，不少黑心业主为省下这笔不菲的处理费，选择将工业废料随意倾倒、一烧了之。由于大气污染具有瞬时性，往往取证困难，对污染大气者也难以做到刑事打击。

2015年初，在浙江省政府新闻办举办的全省公安环保联动执法打击环境犯罪工作新闻发布会上，浙江省环保、公安两部门联合通报了七起典型环境违法案件，其中就有台州市路桥区梁连平焚烧工业垃圾污染大气犯罪案。

"这起案件是浙江省宣判的首起大气污染环境犯罪案件，将对各地侦办此类案件起到示范作用。"浙江省环境执法稽查总队相关负责人说。

垃圾焚烧恶臭难闻，村民睡梦中被熏醒

2013 年 9 月 10 日凌晨 3 时许，浙江省台州市路桥区金清镇泗水村的居民区里，很多村民被一股恶臭熏醒、熏吐。

等到白天，村民们四处一查找，终于找到恶臭源头。

原来，村里老年协会东侧的一块空地上，有大量来路不明的垃圾偷倒在此并点火焚烧，估计还要烧上几天。"我在离这里约 1.5 公里的地方就闻到了恶臭，一开始都不敢靠近这里。恶臭让人反胃、呕吐，很多上班的人经过这里，都差点吐了。"村民梁先根说。

手足无措的村民们选择了在网上发帖反映。2013 年 9 月 11 日下午，当地晚报记者关注到此事并赴现场调查。而就在 11 日下午，有村民向金清派出所举报这处焚烧固体废物并散发恶臭的地方。派出所立即通知镇里消队部门，当天 16 点左右，明火被扑灭。

2013 年 9 月 12 日，《台州晚报》报道一出，立即引起台州市委、市政府高度重视。

"看到报道后，我们立即赶赴现场调查。"路桥区环保部门相关负责人表示，当他们到达现场时，看到两堆还未完全烧完的垃圾。"里面有废塑料、废橡胶、废机油等工业废料，我们立即判断这些焚烧的物质应该是废旧电器拆解后的固体废物，最大可能是辖区内的峰江拆解园区内企业将拆解后的固废私自拉来焚烧。我们随即请环境监测部门对焚烧残留物进行取样监测"。

2013 年 9 月 13 日，根据路桥区早已建立的环境违法犯罪司法联动机制，区环保、公安、交警、检察院等部门成立了联合专案组。

路桥区环保部门当即组织人员对周边可能存在的废旧金属拆解点和峰江拆解园区有无当晚运输固体废物的情况进行调查。同时，区环境执法人员联同路桥区交警大队对沿途道路的监控记录进行仔细查看。终于从监控记录中发现了 9 日晚上有个骑摩托车的人带着两辆运载工业固废的翻斗车往泗水村

方向前进。

2013 年 9 月 14 日，其中一名司机被公安机关查获。通过教育，这名司机交代了带路的人就是泗水村村民，名叫梁连平。工业固废的来源也查清，两车共倾倒了约 20 吨垃圾。

然而找遍全村，都不见梁连平的影子。自知闯了大祸的他早已躲了起来。

违法犯罪事实清楚，关键证据实验取得

法网恢恢。一个多月后，2013 年 10 月 17 日，梁连平终被布控的金清派出所民警找到。路桥区环保部门执法人员对其制作了调查笔录。梁连平承认了自己违法犯罪事实。

原来，只有小学文化、40 余岁的梁连平是一个普通的村民，平时靠打点零工赚点钱。一年前，他在务工的时候，认识了专门开车运送工业垃圾的宋某。

路桥做拆解的企业很多，拆解企业将进口的废旧家电等通过人工分解，把有用的金属提取出来，剩下的有塑料、橡胶以及一些提取不出的贵金属等，就是工业垃圾。按规定，应运到专门处理这些垃圾的厂里处理。

2013 年 9 月 9 日下午，宋某打电话给梁连平，说有 2 车固体废弃物要倾倒，问他有没有地方倒。梁连平一口应承下来。晚上 10 点多，梁连平开着摩托车带路，把两辆满载着工业垃圾的运输车带到了自己村里。垃圾倒完后，宋某给了他 200 元。

看着两堆小山似的垃圾，梁连平也感到有点不妥。没有多想，梁连平用随身携带的打火机将其点燃。

了解案情真相后，路桥区环保部门根据调查笔录，当天就将对梁连平涉嫌环境违法犯罪的案件移交给了路桥区公安分局。

有了调查笔录和焚烧这类固体废物产生有毒有害物质的定性报告等证据，但仍然没有直接证据证明梁连平的行为导致严重污染环境的后果。案件的办理碰上了难题。经过专案组连夜讨论，决定大胆采用新的侦查手段。

"《关于办理环境污染刑事案件适用法律若干问题的解释》出台后，降低了入刑门槛。但这起案件倾倒焚烧的只是一般工业固废，并不是危废。因此，我们根据《中华人民共和国刑事诉讼法》第一百三十三条，决定开展侦查实

验。"路桥区人民检察院侦查监督科科长何竖奎说。

2013 年 10 月 18 日，在台州市环境监测站的指导下，路桥区环境监测站来到位于路桥区海涂地带的台州市金属再生产业基地，选择正筹建中的齐合天地金属有限公司场地开展了侦查实验。

"当时从峰江拆解园区的那家偷倒工业固废的厂家拉了一车完全一样的废料过来，放在厂区内的空地上。我们严格按照《大气污染物综合排放标准》及《无组织排放监控点设置方法》等相关规定，在焚烧点上风向和下风向分别设置了 1 个参照点和 3 个监控点进行采样，并且按规定将下风向 3 个采样点按扇形排开，设于周界浓度的最高点。"现场指导侦查实验的台州市环境监测站现场监测室主任徐威力说。

据徐威力介绍，侦查实验表明，下风向 3 个监控点苯并（α）芘均超过《大气污染物综合排放标准》规定的 0.008 微克/立方米的浓度限值，且最高点达到 0.206 微克/立方米。而且侦查实验现场焚烧残渣与泗水村老年协会东侧焚烧残渣均检出苯并（α）芘（干基）。

与此同时，路桥区公安分局治安大队环保中队及金清派出所近 20 名警力，近一个月时间对泗水村全村及周边地区的走访调查，也全部结束。在走访了所有村民后，公安人员成功获取了梁友林等 20 余位证人的证言。

为了 200 元蝇头小利，换来牢狱之灾和高额罚金

2013 年 11 月 1 日，经路桥区人民检察院批准，梁连平被逮捕。

2013 年 12 月 27 日，路桥区人民检察院向路桥区人民法院提起公诉。路桥区人民法院依法适用简易程序，组成合议庭，公开开庭审理此案。

法院审理查明，被告人梁连平明知焚烧工业垃圾会产生有害物质，仍点火焚烧近 20 吨工业垃圾，向空气排放苯并（α）芘等气体污染物，致使周边空气严重超标，并使周围群众感到明显不适。

上述事实，被告人梁连平及其辩护人在开庭审理过程中亦无异议，并有 22 位证人的证言、辨认笔录、现场检查笔录、行政执法现场照片、调查笔录、调查报告、焚烧产生有毒有害废气鉴定书、省原环保厅监测报告认可意见、监测报告、检测报告、模拟焚烧使用的垃圾来源情况说明、下脚料处置承包合同、归案经过等一系列证据证实，足以认定。

法院认为，被告人梁连平违反国家法规，严重污染环境，其行为已构成污染环境罪。因被告人梁连平归案后如实供述自己的罪行，依法予以从轻处罚，判处有期徒刑 1 年 6 个月，并处罚金 5 万元。

未按规定处理工业固体废物的企业负责人李某和转移固体废物的司机宋某，也没逃脱法律的制裁。

李某被处行政罚款 83000 元，宋某也被处罚款 5 万元。

资料来源：晏利扬：《擅烧工业废料浙江首例污染大气案宣判》，《中国环境报》2015 年 4 月 8 日，第 5 版。

 经验借鉴

"爱护环境，人人有责"是人人都懂得道理，当前我国各省市都在大力推进生活垃圾分类等环保措施。而工业垃圾的处理，比生活垃圾要严格得多。工业生产中产生的废料或垃圾，有部分会对环境造成危害，污染环境，造成土地、水体或空气污染。为此，处理工业垃圾必须遵守国家相关法律法规，严格按照规定的排放标准来处理，否则将构成污染环境罪。但偏偏有一些企业，为了节省处理工业废料的费用，漠视环境问题随意处理废料，最终受到处罚。而在企业犯下环境污染罪的过程中，很重要的一步就是企业私下里寻找废料倾倒地的当地熟人，通过给予当地熟人一些蝇头小利，让他们带路，对固废进行倾倒。通过公路运输非法运送，趁着夜色倒在指定地点。案例中宋某只给了梁某 200 元的垃圾处理费，通过这种方式企业获利非常容易。

由此可见，非法倾倒的背后，是巨大的经济利益。虽然污染环境必然会受到重刑，但由于非法处理固废的价格低廉，利润可观，不少企业明知故犯，选择以身试法，铤而走险。随着我国对于环境保护的力度在不断增大，对污染环境罪的处罚力度也在加大。因此，各大企业还是应该明确：只有合法处理工业垃圾，保护环境才能得到长久发展，企业才能走得更高、更远。而个人也应该铭记，不要为了蝇头小利去犯下污染环境的大错，一时的物质金钱奖励最终会换来牢狱之灾。是污染环境的巨额罚款和刑罚牢狱，还是合法合规按要求处理固废，孰轻孰重，人们心中自当明了。

三、阻击"洋垃圾"

关键词：洋垃圾；垃圾走私；BOT 模式

 案例全文

"中国的市场实在太好了。"纪录片《塑料王国》的开篇，在美国加州伯克利市的生态中心垃圾回收部，大货车将一箱箱垃圾倒进回收站，一些未经分拣的塑料垃圾被压成方块装上货轮，最终运往中国。

这样的场景，将随着 2018 年的到来成为历史。

2017 年 7 月 18 日，中国正式向世界贸易组织（WTO）递交通知，在 2017 年底前禁止包括生活来源废塑料、钒渣、未经分拣的废纸和废纺织原料在内的四大类 24 种固体废物入境。

这是中国首次在国际上正式向"洋垃圾"说"不"，中国阻击"洋垃圾"的战役已经打响。

进口的废纸中，有输液瓶、卫生巾

正如化学家能熟练背诵化学元素周期表一样，黄玉锟能一口气背出各种进口废纸型号，要不是身上这套笔挺的海关关员制服，外人或许会以为这个斯文瘦高的小伙子是某家造纸企业的业主。

自 2012 年成为杭州海关驻富阳办事处的一员后，黄玉锟每天都在和废纸打交道。富阳是闻名全国的造纸之乡，鼎盛时期造纸厂数量达到 500 家，但很多人未必知道，生产纸或纸板离不开纸浆，中国森林资源又相对匮乏，要弥补纸浆需求，造纸企业就必须进口废纸。中国造纸协会《中国造纸工业 2016 年度报告》显示，即便 2016 年进口废纸量较 2015 年有所下降，我国仍有 24% 的纸浆由进口废纸制浆。

这也可以解释富阳口岸东洲港内排列整齐的集装箱内，几乎都是来自美国、日本等国的各类废纸了。黄玉锟和同事亲赴现场监管的目的也相当明确——查看这些允许进口的废纸中有没有夹杂着杂质超标、不允许进口的"洋垃圾"。2017年的一天，他们退运了一批重达146.7吨的超标废纸，因为其夹杂物含量远超《进口可用作原料的固体废物环境保护控制标准》中废纸或纸板的杂质含量不得高于1.5%的规定。

进口固体废物和"洋垃圾"，这是两个不同概念。让可用作原料的固体废物安全地"变废为宝"、将让人深恶痛绝的"洋垃圾"拒于国门之外，这正是黄玉锟他们在做的事情。

距离东洲港140公里的嘉兴乍浦港区二期码头，同样也是进口废纸的停歇点。平日里，这里管理严格，所有进出车辆、人员都要登记，未经许可不得擅自进入。

和黄玉锟相比，嘉兴出入境检验检疫局乍浦办事处副主任蔡永根与进口废纸的"渊源"要更久一些。时间一长，积累了一定经验，即使没有拆包检查，他也基本能判断这些废纸夹带物是否超标。但只要有货物进境，开箱检查是免不了的。按照规定，同一批集装箱，检验检疫人员会按50%的比例开门检验，其中至少10%的箱子需要掏箱，即将货物全部从集装箱移出平铺开来，仔细查看。至于具体开哪几个箱子，则由后台系统随机确定。

每当遇到那些申报名为"废纸"实则却夹杂着大量旧衣服、塑料输液瓶、尿不湿甚至使用过的卫生巾的情况时，检验检疫人员绝不放过。"这些夹杂物严重超标的废纸就是'洋垃圾'，输出国明显具有向中国倾倒垃圾的嫌疑。"蔡永根说，"一经发现确认，我们便会毫不犹豫地出具《检验检疫处理通知书》及《检验证书》，并移交海关处理"。

打击"洋垃圾"走私，从未手软

2005年3月，1000吨被贴上"废纸"标签的货物从英国发出，启运前往中国。然而，当货轮行驶163海里到达荷兰鹿特丹时，却被荷兰警方紧急喊停。当警方开启这54个集装箱时，一股刺鼻的恶臭立即扑面而来，里面装的实际全是塑料袋、电池、废旧衣物等未经处理并已受污染的垃圾。这艘货船最终未能按计划前行，也正是通过这次抽查，"洋垃圾"的"野心"第一次暴露在国人视野中。

十几年过去了，这类猫捉老鼠式的戏码还在上演：一艘满载上千吨固体废物的货轮，从某国码头起航，驶抵公海与人接头交易，再靠岸时已在我国口岸，通过伪报、瞒报、夹藏等方式躲避海关监管，或直接"绕关"……

2017年12月19日，杭州海关与长沙海关联合破获了一起"洋垃圾"走私案。为了谋取非法利益，走私犯罪团伙采用借用、购买他人许可证方式，将1.2万吨涉案废布走私进境。废布属于国家限制进口的货物，必须由环保审批认证过的厂家进行专门处理。本案中，由于处理废布企业不具备环保资质，废布在加工利用过程中缺乏必要的环保设施，极易对当地生态造成污染。杭州海关统计数据表明，2017年，该关已查获各类"洋垃圾"走私案件13起，查获"洋垃圾"20956吨。

中国原环保部在送交WTO的文件中指出，"发现大量的高污染垃圾与危险性废物，混合在可回收的固体垃圾中，这严重污染了中国的环境。为保护中国的环境和人民群众的健康，我们要紧急调整进口固体废物清单，禁止高污染固体废物的进口"。

根据这一规定，接下来，一些生活废塑料、未分类的废纸等将被禁止入境。

"'洋垃圾'一旦入侵，就如同你不仅要处理自家的垃圾，你的邻居、朋友甚至陌生人家中的垃圾也一股脑儿扔给你处理。"黄玉锟打比方说，如此一来，不仅家里的环境会受到污染，你和家人的健康问题也得不到保障。此外，一旦走私"洋垃圾"生意形成产业链，甚至成为当地经济来源时，监管就会面临更大压力。

堵住"洋垃圾"，难在监管，更难在部门之间的监管协作。要阻击"洋垃圾"，仅有"禁令"还不够。在执法层面、在发展层面、在认知层面以及在法治层面，都需要"变革以图新"。杭州海关相关负责人表示，接下来，将密切与公安、边防、海警、环保、商务、检验检疫等部门的联系配合，进一步严厉打击治理"洋垃圾"走私行为。

资料来源：王索妮、吴卉灵、王轶星：《阻击"洋垃圾"》，《浙江法制报》2017年12月21日，第3版。

经验借鉴

中国在垃圾回收处理方面正面临着一个困局，不仅自身每年要产生大量的垃圾，还要面对国外"洋垃圾"的入侵，可谓是内忧外患。进口固体废物与"洋垃圾"是两个截然不同的观念，一些固体废物可以通过技术手段重新转换为生产原料，实现变废为宝，经过国家有关主管部门批准后是允许进口的，而洋垃圾则是毫无利用价值。就像进口废纸是因为我国森林资源匮乏导致了纸浆的缺乏，而纸浆又是生产纸和纸板的必要原料，为了弥补纸浆的短板才迫不得已进口废纸。废纸也要达到一定的标准才能作为固体废料进口并且要经过严格的程序。而各式各样的"洋垃圾"携带了大量的病毒细菌，这样的有害物质一带进入境内，一会污染环境，二会对人体健康产生不利影响，并且还要花费我国的人力、物力和财力去处理这些垃圾，因此我国必须坚定不移、不折不扣地落实好禁止"洋垃圾"入境的这项工作。中国不能成为"洋垃圾"的集散地，更不能成为"洋垃圾"的填埋场，要向漂洋过海的"洋垃圾"说不，要把"洋垃圾"坚决阻拦在国门之外，要严厉打击"洋垃圾"的走私和国内非法加工销售的行为。"洋垃圾"的阻击战将是一个持久的战斗，我们必须要做到持之以恒，常抓不懈。

四、乐清警方"发明"危化品监管"黑科技"

关键词： 危化品；二维码；管理创新

案例全文

每天一上班，温州乐清市公安局治安二大队负责危化品管理的民警郑国云，都会先打开"剧毒易制爆信息系统"管理平台，查看相关企业的监控、指纹锁、电子巡查和报警系统是否正常，比对储存的危化品与登记量是否一致，以及危化品的销售、购买和使用情况。可别小看这个平台，它是乐清公安花了几年工夫打造出来的"黑科技"。

在这个平台里，每桶危化品都有自己的专属二维码，可以被实时查看，比如货车运输时，民警可以在平台上精确定位到每桶危化品。据了解，这个平台实现了危化品销售、运输、储存、使用等环节的全闭环监管。

走出创新管理新路

2012 年，郑国云开始负责剧毒、易制爆危险化学品管理。没多久，他就发现问题——放置危化品的工厂仓库有些没上锁，有些是简易木门。"我们去检查、登记，也没有相应称量工具，厂里使用了多少量只能估个大概。"郑国云回忆。

正因如此，曾发生过危化品从正规渠道流入社会的案件。2010 年前后，乐清一家化工原料公司通过"截留"的方式，将经过备案登记的硝酸缺斤短两出售。而后，这些被"截留"的硝酸未经有关部门备案登记便进行销售。为防止类似事件再次发生，乐清在加强危化品管理信息化制度化建设中，走出了创新之路——以"大数据"来管理危化品。

从平台上可以看到这些数据：乐清全市剧毒、易制爆从业单位信息，从业人员信息，录入检查记录，发送提醒短信，掌控物品流向信息，检查率、信息登记率、安全隐患整治率。这些大数据为管好危化品打下了基础。

购运用流向全掌控

"黑科技"是如何管理的？郑国云从一桶危化品开始介绍整个流程。

当危化品被卖出、要被领用出库时，保管人员会在库房内将危化品放入一个专用桶内并上锁。在蓝牙电子秤上过秤后，销售单位会打印一张二维码订单，上面有出售危化品的具体分量和去向，保管人员使用手机 APP 扫描绑定，这桶危化品的信息就会上传到平台。

为保证运输安全，警方和销售单位沟通，在运输车辆上加装物联网信号感应器和 GPS 定位专用锁，在运输路径和销售、使用单位分别安装物联网信号基站，车辆行驶轨迹在平台中全程显示。同时车辆在上锁后，只有到达预设目的地或基站信号范围内才可解锁，一旦发生非正常开锁或偏离正常运输轨迹的，平台将自动预警并向监管人员发送信息。

当危化品送到使用单位，领用人员扫一扫桶上的二维码，确认危化品送达。随后，再次经过蓝牙电子秤称重，确认无误后，又生成一个新的二维码，封贴于专用容器上。运送至使用场地后，工作人员通过手机 APP 采集现场视频截图，在验证二维码无误后才能开启使用。如中途开启、损毁或总量不一致，平台将自动报警，对未采集截图的，平台也会自动向警方预警。

内部监管无死角

在储存方面，郑国云说，他们对企业内部进行硬件技术改造，对从业单位技防措施进行智能化升级，并与平台对接，实现内部监管无死角。

企业对老旧仓库进行改造升级，在入口处安装指纹和人像扫描门禁系统，并设置专职保管员。保管员每次进入仓库都要经过指纹、人像扫描双重认证，门禁系统实时向平台传输扫描信息。

仓库内，几台"大眼睛"实时盯着危化品。"我们通过平台监控发现一家公司领取易制爆锌粉后放置在车间 2 天，另一家公司将未使用完的氰化钠放置在车间过夜 1 天。这些都是不允许的，我们及时予以纠正，并依法进行处罚。"郑国云说。

仓库内还有特殊的报警系统——红外感应和声光报警装置，以及手触式报警按钮。这些系统都与公安指挥中心连接，一旦有人触发，警方就会立即启动快速反应机制，第一时间处置。

据了解，这个平台自 2015 年在乐清试点成功后，2016 年在温州全市推广使用，并在全省推广。

资料来源：陈佳妮、郑为民：《每桶危化品都有自己的专属二维码》，《浙江法制报》2017 年 11 月 29 日，第 12 版。

 经验借鉴

危化品十分危险，如果不严格管理，很可能对环境乃至人的性命造成严重的威胁。随着科技的进步，警方为了更好地管理危化品，不断完善监管体系。有了全方位的实时监控，危化品的运输、销售、储存等环节就能实现全闭环的监管，保证了危化品的安全。

危化品从销售、运输到存储，每一步都有对应的管理制度。从销售开始，危化品就被装进专用的罐子并过秤，二维码上的信息也会被传上平台，运输过程中车辆的 GPS 会将行驶轨迹实时上传，而专用锁则保证了运输过程中不会出现意外。而到达仓库后，会再一次上秤确认危化品是否完好无损并且有新二维码封存。二维码技术的存在让这一套监管体系如虎添翼，同时，监控、红外感应和声光报警系统也提高了警方的反应机制。

五、跨区偷倒为何屡禁不止?

关键词: 浙江; 建筑垃圾; 跨区偷倒; 疏堵结合

 案例全文

深夜，伴随着轰鸣声，一个满载建筑垃圾的工程车车队，驶入某个僻静的角落，趁着夜色，将渣土、泥浆等迅速倾倒在空地上，随后，工程车扬长而去……2017 年以来，在杭州余杭、湖州安吉、台州路桥等地，类似的建筑垃圾倾倒场景频频上演。这些建筑垃圾并非来自本地，而是"长途跋涉"而来。

建筑垃圾跨区偷倒为何屡禁不止? 在全省环境大整治背景下，如何尽快破解这一难题?

防不胜防，调查取证难度几何

2017 年 4 月初，台州市路桥区蓬街镇双莲村日升南路南侧的空地上，突然多了一处巨大的渣土堆。路桥区行政执法分局调查发现是一家运输公司将黄岩区某工地 196 方建筑垃圾（弃土）倾倒在这里，涉事运输公司倾倒前未经审批。据了解，路桥区每年都会遭遇建筑垃圾跨区偷倒，其中 2016 年就查处 4 起，累计罚没金额 15.6 万元。

类似的建筑垃圾跨区偷倒案件，在湖州安吉也有发生。2017 年 3 月 25 日晚，安吉县综合执法局接到村干部举报，称有 4 辆杭州牌照的重型自卸货车，在递铺街道偷倒渣土。后经执法部门查实，杭州某物资有限公司未经核准，在没有与工程建设方、消纳点签订合同的情况下，擅自从杭州余杭区电子路某知名企业地下空间开发项目运输工程渣土，倾倒至安吉县递铺街道六庄村长潭自然村一个沙场内。

从 2016 年 11 月至 2017 年 5 月，安吉县综合执法部门共查处 5 起建筑垃圾跨区倾倒、处置事件，且建筑垃圾基本来自杭州的施工工地。分析查处的这几起案件，执法部门发现，涉事公司大多只与某村集体或个人私下有口头协议，但未向安吉相关部门提出申请并获得核准，属于未经核准擅自处置建筑垃圾。

"没查处的更多，防不胜防。"安吉县综合执法局相关负责人表示，尽管他们加强了夜间巡查，仍难以阻止建筑垃圾跨区偷倒行为。"有时即便查到了，如果没有充足证据，也无法做出处罚。"上述负责人说，更多时候，工程车开到某个没有监控的偏僻村庄或角落偷倒建筑垃圾，执法队员夜间难以巡查到。

2017 年 2 月 28 日发生在安吉梅溪镇的案件就是这样。"那天有群众举报称有 10 辆车在红庙村乱倒建筑垃圾，等我们赶到时，现场只查到 1 辆杭州牌照的半挂车。"安吉县综合执法局梅溪镇执法所所长吴珠明回忆，当时现场已经堆积了大量刚倾倒下来的混合垃圾，包括砖块、塑料、海绵等。"留在现场的那辆车还没来得及倒，司机说其他车辆已经卸完离开，但他不承认自己有偷倒垃圾行为，只说是路过。"吴珠明说，尽管最后对这辆半挂车司机进行了处罚，但其余已经偷倒的车辆却无法取证、处罚。

屡禁不止，跨地区偷倒为哪般

建筑垃圾跨区偷倒案件都有共同的特点，那就是建筑垃圾运输公司没有经过消纳地管理部门审批。一些业内人士认为，建筑垃圾跨区偷倒现象屡禁不止，与各地建筑垃圾消纳场地紧缺有关。

"大部分建筑垃圾只能填埋到地势低洼的地方，或是运到有回填需求的地方处理，但很多城区并没有充足的消纳空间。本地没场地，就只好到外地找。"郭先生是杭州一家市政公司的负责人，他算了一笔账，运输建筑垃圾的工程车，每多跑 1 公里，每车运输费就要多 10 元，如果可以就近消纳，即便费用高些，正规的运输公司和工程建设方也不会舍近求远。郭先生说，公司安排了几十个人在外面找渣土消纳点，"前两天找到一个合适的地方，但附近没有路，我们准备自己造一条"。

然而，恰是异地消纳的方式，产生了"两头难管"问题。受限于管理权限，建筑垃圾运到外地后，垃圾产生地的管理部门，就无法再去核实、监管垃圾去向；而消纳地的管理部门，除了合规倾倒外，对于偷倒行为又难以监管到位，除非有明确证据，否则不能认定建筑垃圾来自哪家公司或是哪个工地，更别提处罚措施。

"有些时候，建筑垃圾运输公司和消纳点只有口头协议，而没有获得当地职能部门审批；有时候即便获得审批，也会把建筑垃圾倾倒在指定地点以外的地方。看似'一个愿打一个愿挨'，实际上背后却隐藏着复杂关系。"有业内人士透露，这其中既有工程建设方和运输方出于节约成本的考虑，也有消纳点某些集体和个人逃避监管从中渔利的企图。

据了解，在浙江不少地区，建筑垃圾消纳场地的平均收费标准是每车 200 元，如果选择私下签订协议或是偷倒，这部分消纳成本至少可以减半甚至不用付费。在此期间，如果运输公司与消纳点某些群体或个人"里应外合"，还可以大幅降低查处的风险。"如果内部没人，工程车不可能顺利开进村里，大规模偷倒建筑垃圾。"一位在城管系统工作多年的工作人员表示，城管等部门在重罚跨区域偷倒建筑垃圾行为的同时，还应该关注案件中村里的"内鬼"，是这些贪图私利的人，给了不法运输公司可乘之机。

发生在安吉的部分案件，也证实了上述说法。尽管当地某些集体或个人在接受调查时，声称需要引进外地建筑垃圾"修路"或"平整土地"，但是安吉相关部门表示，县域内建筑垃圾消纳能力已近乎饱和，根本无须接受外来建筑垃圾，"私下同意倾倒，主要目的就是这笔'消纳费'"。

疏堵结合，能否破解社会"顽疾"

由于案件涉及两个行政区域，面对建筑垃圾跨区偷倒，人们自然而然会考虑跨地区联合执法的可行性。在杭州确实有成功案例。当时，萧山区城管局湘湖新城中队执法队员巡查发现，位于萧山区与滨江区交界处的一条河道异常浑浊。两地城管部门共同调查发现，偷倒泥浆的槽罐车由西湖区某工地驶出。随后，三地城管部门共同约谈当事人，西湖区住建部门也要求工地停工整改，将相关审批手续补办齐全后方可重新开工。

在思考跨区联合执法方式时，有关专家建议相关地区的职能部门共享车辆 GPS 等信息，实现建筑垃圾产生地和消纳地在追踪车辆时无缝对接，保证监管无盲点。也有人提出，提高建筑垃圾偷倒的违法成本，让他们不敢违法，不仅要处罚工程建设方和运输公司，对擅自同意消纳的行为也要进行处罚。

但也有业内人士指出，建筑垃圾产生量与消纳能力不对等，是造成异地偷倒的根本原因。在这种情况下，跨地区联合执法只是在"堵"，政府部门更应该思考的是怎样"疏"。杭州某市政公司的刘经理站在运输公司的角度就提出，遏制建筑垃圾跨地区偷倒，更关键的是各地如何加快对建筑垃圾减量化、资源化利用。

"如今，建设工地动辄产生十几万方的渣土，其中只有很小一部分被用于小区绿化回填、砖厂制砖等资源化利用，大部分还是需要倾倒在消纳点。"郭先生提出，希望政府部门能够鼓励探索建筑垃圾资源化途径，减轻消纳压力，让更多建筑垃圾在本地就能得到有效利用。

饱受建筑垃圾消纳困扰的安吉，在加强偷倒查处力度的同时，也在考虑如何实现建筑垃圾减量化、资源化利用。安吉县域内的建筑垃圾多数以自行填埋消纳的方式来处置，少数通过小型作坊以粗加工砖块的方式来消纳。如今，当地正计划启动建筑垃圾消纳场建设，将更多建筑垃圾加工成可以制砖或铺路的材料，减轻建筑垃圾消纳压力。

资料来源：周纹博、刘怡晨、方璐迪：《跨区偷倒为何屡禁不止》，《浙江日报》2017 年 5 月 5 日，第 00007 版。

 经验借鉴

政府要加强建筑垃圾的监控力度和惩治力度，对村中"内鬼"进行处罚。异地偷倒建筑垃圾的根本原因在于建筑垃圾产生量与消纳能力不对等。政府可以采取将建筑垃圾制成铺路材料，变废为宝，减轻建筑垃圾的消耗。这样不仅可以从源头上减轻环境压力，同时还能加大资源的利用度。

本案例启示我们如果解决问题的方法与现有情况有所违背的话，可以采取不同的解决方法，不必过于纠结于原始方法，面对情形的改变要懂得适度变通，有"因地制宜"的思想转换，灵活变通才能够长久地应对各种问题。在本案例中面对偷倒建筑垃圾这种屡次发生的社会性问题，即使不断加大排查力度和惩治力度，也不能从根源上解决问题，因为总有心存侥幸之人。因此，如果可以将建筑垃圾转变为社会资源材料就能顺利解决令人"头痛"的建筑垃圾问题，从而从根源上解决这个社会性的难题。

六、富阳 12 人非法倾倒建筑泥浆获刑

关键词：浙江；非法倾倒；跨区偷倒；疏堵结合

 案例全文

半年时间，浙江省杭州市一个 12 人团伙在富阳多地非法倾倒建筑泥浆 400 多车，重量达上万吨。2017 年 1 月 13 日，该团伙以吴某为首的 3 人，被依法批捕。7 月 6 日，富阳区检察院指控以吴某为首的 12 人犯故意毁坏财物罪，向区法院提起公诉。10 月 25 日，经富阳区法院审理，12 人被判刑。11 月 3 日，判决生效。

案情：市民反映河道变浑浊，警方深入调查

这起团伙作案还要从 2016 年 11 月说起——有市民反映，银湖街道北渠突然出现浑浊现象。经公安环境食品药品大队调查发现，银湖街道高尔夫路段有人频繁倾倒建筑泥浆，导致泥浆水流入附近的北渠，水质受到严重污染。除了银湖街道，东洲、灵桥、大青等地也相继查出有人非法倾倒建筑泥浆。

警方随即成立专案组，对全区一系列非法倾倒建筑泥浆案件进行调查。

随着调查深入，一个分工明确、形成完整产业链的非法倾倒建筑泥浆团伙，渐渐浮出水面。

2016 年 12 月 8 日，富阳警方集中出击，分 11 组奔赴余杭区、西湖区及富阳等地，对已掌握的犯罪嫌疑人实施定点抓捕，当天抓获犯罪嫌疑人 10 名。当月 14 日、20 日，这起案件的另外两名犯罪嫌疑人也相继落网。

经初步侦查，2016 年 6 月至 12 月 8 日，该团伙在富阳区 320 国道高桥段、银湖街道洪庄地块、高尔夫路地块、东洲街道码头地块、富春街道大青石矿场地块、灵桥镇杭千高速地块等 9 处位置，非法倾倒建筑泥浆 300 多车，总重量 1 万多吨。

为严厉打击非法倾倒泥浆的行为，通过参考国内相关案例处理方式，富阳警方随即以涉嫌故意毁坏财物罪追究吴某等 12 人的刑事责任。

内幕：为获取高收益，团伙作案分工明确

非法倾倒如此大体量的建筑泥浆，这伙人难道不怕被查？只能说"高风险高收益"，"有钱能使鬼推磨"。

这个倾倒建筑泥浆团伙的主要负责人和牵头人为吴某，被抓时 27 岁，临安人。2016 年 6 月，吴某同朋友所在的一家建筑工地签订合同，为杭州转塘一处工地装运、处理建筑泥浆，约定每立方米泥浆价格为 34 元左右。估算下来，处置泥浆水的费用，大槽罐车为每车 2200~2400 元，小自卸车为每车 1150 元左右。

按照约定，吴某向建筑公司承诺，通过正规方式处理泥浆，也就是将泥浆运输至经过正规审批的泥浆处理点进行处理。不过，正规的处理方式不仅对运输路线、运输量等有严格要求，还需要付一笔处理费，这样算下来，吴某最终能拿到的钱并不多。

为了获得更多的收益，吴某将泥浆处理工作交给了一个名叫"阿福"（倪某）的朋友，他只需要提供驾驶员和运输车辆就行。

那么，阿福又是如何每次都能成功避开城管等部门的视线，将泥浆非法倾倒在各地的呢？

据犯罪嫌疑人交代，阿福手下还有一批工作人员，蒋某俊、蒋某华、何某、缪某、张某等人，分别负责寻找泥浆倾倒地、指挥车辆、记账、打扫倾

倒泥浆场地、望风等工作，可以说安排得滴水不漏。

判决：12 名被告人均获刑，并分别缴纳清淤损失费

经法院审理查明，为降低处置建筑泥浆的成本，2016 年 6 月，吴某联系缪某在西湖区双浦镇周三路倾倒了工地施工泥浆 5 车。

看到非法倾倒获得的收益，从 2016 年 10 月开始，吴某和倪某结成同盟，由吴某安排车辆装运，倪某负责寻找倾倒地点，将西湖区转塘街道东南网架工地及杭州建工工地装运的建筑泥浆进行非法倾倒。

经查明，2016 年 10 月至 12 月 7 日，吴某和倪某两人采用自卸车、槽罐车装运，以水泵直排的方式，在缪某、陆某、蒋某俊及何某等人的具体操作下，在富阳区银湖街道、富春街道、东洲街道、灵桥镇、杭州市西湖区双浦镇等地，倾倒泥浆共计小车 234 车、大车 225 车，造成东洲码头地块水渠、涵管堵塞，灵桥镇小源溪水质变差，银湖街道洪庄村、高尔夫路、高科路部分地块、灵桥镇高速路下路基斜坡、涵洞、320 国道路基斜坡无法正常使用。经鉴定，所倾倒泥浆的清淤费用合计人民币 35.6636 万元。

在案件审理过程中，吴某、倪某、缪某、蒋某俊、陆某、张某、蒋某华，分别缴纳清淤损失 10 万余元、5.5 万元、2.9 万余元、3.8 万元、4.6 万元、1.26 万元、2.1 万元，槽罐车司机吕某、方某、施某、梁某、李某，分别缴纳清淤损失 1 万元。

富阳区法院根据被告人的犯罪事实、犯罪性质、社会危害程度、作用及认罪、悔罪表现等，依法以故意毁坏财物罪确定了 12 名被告人的刑罚。最终，被告人吴某、倪某、缪某、蒋某俊、陆某、吕某等被判处三年四个月至一年四个月不等的有期徒刑，被告人张某、蒋某华、方某、施某、梁某、李某等被判处缓刑。

同时，判决对 12 名被告人向法院缴纳的清淤损失费核算后按照责任大小进行分配处理。

资料来源：周兆木、何芳芳、张柳静、周小龙：《富阳 12 人非法倾倒建筑泥浆获刑　法院以故意毁坏财物罪确定被告人的刑罚》，《中国环境报》2017 年 11 月 21 日，第 8 版。

经验借鉴

　　非法倾倒施工工地上的建筑泥浆对于环境的破坏和经济发展的隐性影响不可估量。在这个案例中，我们应该反思为什么这12人可以在检查机制下仍然倾倒了高达上万吨的建筑泥浆。对建筑泥浆的处理过程应该规范化，同时对于槽罐车的检查和道路限制应该更加严格，不让不法分子有"弯路"可走。

七、金华：建筑垃圾治理创出"金华模式"

关键词：金华模式；非法倾倒；跨区偷倒；疏堵结合

案例全文

　　每辆建筑垃圾运输车驶出工地出口前，先要从过水池过水，在过水池中接受自动喷淋全方位冲洗，再驶入冲洗平台，工人用高压水枪，对轮胎、车厢凹槽、缝隙等部位再次冲洗，确保车辆净车出场。这是位于市区东市街与宋濂路交叉口的多湖商务区块某工程施工现场的一幕。

　　"我们要求这样做的目的，是为了防止建筑垃圾运输车污染城市道路，降低路面扬尘污染。"金华市渣土办相关负责人说，市区已对建筑垃圾排放企业、运输企业、处置企业进行全面监管，实现建筑垃圾从产生到消亡的全程管控。

治理施工扬尘　守护城市蓝天

　　金华市建筑装饰材料协会建筑垃圾运输专业委员会曾经做过测算，如果不做清洗，建筑垃圾运输车出工地前，车轮和车厢体沾带的泥土少说有5千克。目前市区建筑垃圾运输车有300多辆，每辆车每天至少要运送6趟。按此计算，每天挟带的渣土近10吨。

"多湖区块某工程项目每天进出工地的建筑垃圾运输车有 30 多辆，几百车次。为了最大限度降低工地施工扬尘，我们要求施工单位采取立体化、全方位的降尘措施。"金华市渣土办相关负责人说，为治理工地扬尘，2004 年起，金华市建设局陆续出台政策，结合建筑施工、房屋装修、道路开挖的前期报批环节，不断完善建筑垃圾处置核准手续，明确责任单位；要求市区各建筑工地在进场施工前，先完成项目主干道硬化、项目围墙修建，建好过水池、沉淀池和冲洗平台；离开工地的所有车辆要进行冲洗，保证净车出场。根据不同施工阶段，在工地围墙上安装喷淋系统，安装降尘雾炮、塔吊喷淋和外脚手架立面喷淋。施工过程中安排洒水车进场常态化洒水降尘。对未执行措施或执行不力者，取消该项目申报标准化工地、优质工程等资格，取消项目建设、施工、监理单位的评优评先资格，并列入不良行为名单。

通过多年整治，金华市区范围内上百个在建施工项目降尘措施基本落实到位。公司化运作密闭化运输，为了加强对建筑垃圾运输管理，遏制运输过程中跑冒滴漏、随意堆放、倾倒等现象，2012 年 12 月，经金华市政府批准，市建设局、公安局、交通管理局和城市管理行政执法局四部门联合发布《关于市区建筑垃圾运输车辆实行密闭化改装的通告》（以下简称《通告》），《通告》规定，2013 年 4 月 1 日起，市区二环线范围内（含二环线），从事建筑垃圾运输的车辆，必须加盖密闭和安装 GPS 监控设备，未达到密闭化要求的车辆及未取得建筑垃圾营运服务资格的企业和个人，不得在市区从事建筑垃圾运输。

经市政府确定，3 家具有相应资质的运输企业，承担起市区建筑垃圾清运业务。2013 年 6 月 1 日起，市区二环线范围内（含二环线）建筑垃圾密闭式运输、公司化运作全面实行，同时配套出台了《市建筑垃圾运输企业信用考核办法》《建筑垃圾运输企业考核细则》。3 家建筑垃圾运输企业加入市建筑装饰材料协会，成立建筑垃圾专业运输委员会，制定了统一的建筑垃圾运输行业自律考核标准，进行量化考核，自觉接受专业运输委员会的考核。

这 3 家企业的 300 余辆密闭式运输车辆安装了统一的标记标识，加装了顶灯、GPS 定位系统等，方便监督管理；车辆前端安装了市建设监察支队研发的自喷淋降尘系统，以便运输过程中降尘；各公司至少配备两辆保洁车，及时冲洗运输中产生的路面污染。

为加强建筑垃圾运输监管，市建设监察支队与交警、交通等部门联合执法，加强路面巡查，通过车载 GPS 定位系统，对 3 家建筑垃圾运输企业的运营车辆进行实时监控，发现问题及时查处；集中整治非标车运输建筑垃圾现象，重查跑冒滴漏、随意乱倒等违法行为，确保市区道路整洁；发现无主建筑垃圾，及时查找来源并进行处理，无法查明来源的，及时安排人员、车辆进行清理；结合市区环境空气质量提升"百日攻坚""扬尘治理""五水共治"等行动，对二环线内各大工地进行巡查检查有效地维护了市区道路环境整洁，防止超载超限破坏城市道路。

资源化再利用　破解垃圾围城

近年来，随着城市建设的快速发展，建筑垃圾数量增速很快，呈现出"建筑垃圾围城"趋势。建筑垃圾主要来自房屋拆迁、建筑施工、道路开挖，以及房屋装饰装修等。据测算，金华市区每年产生的建筑垃圾在 300 万吨以上。如果露天堆放，堆高 5 米，1 万吨建筑垃圾要占用约 2.5 亩土地。

2004 年，金华市建设监察支队（市渣土管理办公室）着手探索建筑垃圾处置新模式。为实现市区建筑垃圾综合利用资源化、可持续化，该支队借鉴国内建筑垃圾资源化利用处置先行地区经验，报经市政府同意，将市区建筑垃圾资源化利用处置场项目列入 2014 年政府投资计划。市政府第 54 次常务会议明确了项目选址，即位于金东区江东镇老 330 国道北侧，新金温线东侧，用地面积约 115 亩，设计年处置建筑垃圾能力 100 万吨。

2017 年，中天集团和金华市城建控股公司组建的市中天城建绿色再生资源有限公司，负责市区建筑垃圾资源化处置场的投资、建设和运营。金华市区首个建筑垃圾消纳场已在婺城新城区栅川工业园区投入使用，处置场占地面积约 80 亩，一年能"吃下"42 万立方米的建筑垃圾。

"通过这几年的努力，市建筑垃圾管理工作已基本形成'总量控制、合理调配，密闭式运输、公司化运作和资源化利用分类处置'这三大管控模式，实现了源头管控有力、消纳处置有序、运输监管严密、执法查处严厉的长效机制。"市渣土办相关负责人说。

资料来源：徐枫：《我市建筑垃圾治理创出"金华模式"》，《金华日报》2017 年 9 月 19 日，第 A07 版。

经验借鉴

　　"绿水青山就是金山银山"是时任浙江省委书记习近平于2005年8月在浙江湖州安吉考察时提出的科学论断。规划先行，是既要金山银山，又要绿水青山，更让绿水青山变成金山银山的顶层设计。2005~2020年，中国共产党和广大人民群众把环境的可持续发展作为最大的本钱。护美绿水青山，做大金山银山，不断丰富发展经济和保护生态之间的辩证关系。

　　如今国家大力倡导生活垃圾分类，以上海为例的分类试点如火如荼地逐一展开。人民群众也在潜移默化中形成了垃圾分类意识。可是工业垃圾的处理却成了一个难题。工业垃圾指机械、轻工及其他工业在生产过程中所排出的固体废弃物，如机械工业切削碎屑、研磨碎屑、废型砂等，食品工业的活性炭渣，硅酸盐工业和建筑业的砖、瓦、碎砾、混凝土碎块等。这些垃圾不同于生活垃圾，它们往往体积庞大，数量众多，更难降解。有些化工类的垃圾往往有对生态有着严重污染的化学毒物。这些毒物经过食物链的传播，最终会进入食物链顶端人类的身体中，对我们的身体健康造成威胁。现存的垃圾无害化处理的方式主要有以下三种：填埋、堆肥和焚烧。但是工业垃圾的处理并不是很适用这三种传统的模式。"金华模式"的优势之一在于很好地解决了垃圾与环境这一矛盾体系，其采取的"资源化再利用破解垃圾围城"理念不仅有效地解决了垃圾围城的问题，更节约了资源的使用，提高了可持续发展程度。技术层面的创新确实有利于解决垃圾问题，但是要持续地解决这一问题，少不了国家法律体系的强制干预。"金华模式"推进了相关道路运输法律条款，规章制度的贯彻与落实。市政府出台的相关规定给予了垃圾运输的合法化合规划。公安机关，道路运输局等行政机关的公正执法使得该条文规定能够真正落实而不是纸上谈兵。司法机关的相关判罚起着警示作用，让非法转移工业垃圾不可为、不敢为。真正做到有法可依，违法必究的政治理念。

　　2017年10月18日，习近平总书记在党的十九大报告中指出，坚持人与自然共生。必须树立和践行"绿水青山就是金山银山"的理念，坚持节约资源和保护环境的基本国策。各级政府发挥主观能动性，以"金华模式"为榜样，为保护环境做好本职工作，发扬"人定胜天"的精神。

第六篇

浙江省垃圾治理的五大经验

经验一：立足顶层设计，渐进完成法律规章制度建设

一直以来困扰我国垃圾治理效果的关键问题是缺乏科学合理的垃圾治理制度，而浙江省近十年的探索，立足顶层设计，并在实践中逐步完善了这一制度，不但使浙江省在垃圾治理上有法可依，有章可循，同时更为重要的是以此推广到全国，为我国全域的垃圾治理工作提供了很好的"浙江范本"。

其实对于是否进行垃圾分类的讨论，从来得到的答案都是肯定的，我国早在 2000 年开始就在杭州、北京等八个城市进行垃圾分类的试点，然而一直以来推行不易，其原因是多方面的，但是不容忽视的是城市发展的顶层设计，以往我们更多地关注经济发展给人民带来的物质生活质量的提升，而垃圾治理产业属于高投入、见效慢的新兴产业，其规模和效益一直较小，故而在顶层布局上经常给具有更快产生经济效益的其他产业"让路"。有些地方甚至通过垃圾获得短期的经济利益。

然而，随着经济的发展与环境问题的承载量之间的矛盾日益凸显，我们的外在生活环境不断恶化，我们越来越意识到环境对经济发展的制约，对我们生活质量的制约，传统发达国家"先污染，再治理"的路子，明显不适合中国的道路。实现自然环境和经济发展的可持续发展逐渐成为我国顶层设计的共识。"节约资源，保护环境"成为我国的一项基本国策，成为与"改革开放"等其他政策具有同等的政治高度。

特别是在 2005 年时任浙江省省委书记的习近平同志在考察浙江安吉时提出的"绿水青山就是金山银山"的发展理念，为经济发展与环境保护之间指明了道路，经济发展与环境保护不应是彼此矛盾，而是应该彼此相容，困扰当前中国经济发展和环境治理问题的桎梏是生产关系结构不合理造成的，解

决这一问题的关键就是对生产关系进行结构化调整，以改革、升级为措施，逐步缓解自然与经济发展之间的矛盾，让相对而行变为相向而行。这正是从顶层设计角度对我们传统对环境管理认识的一次系统化的思维洗礼。

作为"两山理论"的发源地，浙江在绿色发展上具有得天独厚的先天优势，"两山理论"和"八八战略"成为浙江省在经济发展上主打战略一直贯彻至今，在顶层设计的高度和深度上都已经形成了多元化的统一。这也使浙江省在包括垃圾治理的环境治理发展上能够在最大范围内达成共识，并能够不断积蓄力量，把大量的人力和物力投入浙江省的环境治理之中，形成了浙江青山绿水的金山银山。

仿佛从垃圾治理的第一步开始，浙江省就已经跳过了垃圾该不该分类的问题，直接进入如何更好分类的思考。从 2000 年杭州成为我国推行垃圾分类的八所试点城市开始，到 2014 年杭州在国内首先提出"五废共治"理念，再到 2019 年浙江逐渐在餐厨垃圾、固体废物垃圾、生活垃圾等多方面出台管理办法和实施细则，这些都标志着浙江省的垃圾治理从自发化、民间化逐步驶入了规范化、制度化的"快车道"，很多的地方都走在全国的前列，并在实践中逐渐发现和解决现有制度存在的问题。

立足顶层设计，渐进完成法律规章制度建设成为浙江省在垃圾治理过程中所凸显出的一个最为基本的经验。然而值得说明的是，随着垃圾治理问题的不断深入，必然会出现新的问题，所以不可能存在一成不变的法律法规，只有逐步调整和适应现有情况所带来的新的问题，解决新的问题，才是不断提升垃圾治理水平，提高垃圾治理质量的必经之路。只要秉承正确的顶层设计思路，这一切挑战都会迎难而解。

经验二：建立群体规范，发动基层力量，普及垃圾分类知识

成功的垃圾治理不仅需要政府出台合理的管理政策，同时还需要全民积极踊跃地参与，只有发动最广大的人民群众认同垃圾治理这项重大的工程，才能让这项工程成功地执行下去，垃圾治理才能成为一项有效的系统工程。浙江省正是充分地认识到普通居民在垃圾治理过程中所发挥的重要作用，故

而将树立群体规范和发动基层力量作为打赢全域垃圾治理这一重要战役的重要抓手。

如何树立群体规范既是垃圾治理问题中的重点，同时也是垃圾治理问题中的难点。在浙江省的实践中，建立群体规范，可以归纳出以下几个不同的做法：首先，对垃圾治理进行了充分的宣传，通过老百姓易于获知的渠道，让老百姓明白垃圾分类的重要性，从思想上降低了老百姓对垃圾分类的抵触情绪。其次，采用奖励和追溯机制提升居民垃圾治理的积极性。浙江省许多地方社区采用垃圾分类奖励积分的形式，让居民乐于参与其中，并能够从中获得较多的益处，并在长期的实践中产生垃圾分类的习惯，使群体规范由外化转向内化。此外，采用追溯机制等方式，找到那些垃圾分类做得不好的家庭，对其进行教育和告诫，通过知荣辱、奖善罚恶等形式提升居民对垃圾分类问题的重视。最后，群体规范的建设易于理解和自觉遵守。在长久的垃圾分类治理中，一直以来存在的问题如垃圾分类标准等知识并没有深入到居民的行为规范之中，通过树立群体规范，运用居民所属社会群体的力量（如社区、居委会、村委会等），促使居民将群体规范转化为自身的行为规范，从而降低居民对于垃圾分类的行为惰性，从根本上解决居民垃圾分类知易行难的问题。

一个人的改变并不能完全解决垃圾围城这一个重大的社会问题，故而只有发挥最广大的社会基层力量，才能让科学有效地进行垃圾处理成为可能。在这方面，浙江省同样采用了一些不同以往的方法来发动基层力量。比如下沙经济技术开发区采用的"小手拉大手"活动，使垃圾分类从小学生入手，不仅让学生从小学就养成垃圾分类的好习惯，同时利用孩子在家庭中的特殊地位，用孩子的行动来带动家长，让整个家庭都加入垃圾分类的活动中来。再比如，皂城社区所采用的卡通形象和用户评价制度来提升社区居民对垃圾治理的参与，采用卡通形象目的在于能够激活用户内心的情感，使之产生与卡通人物形象所对应环境的共情性，从潜意识角度增加与用户的紧密联系，从而促进用户行为产生。运用卡通人物形象工具能够拉近与终端用户之间心理距离，使其更加愿意理解和认可。而采用用户评价制度，是为了通过对用户的现有行为进行评价，同时建立柔性和刚性两种不同的奖惩体系，以社区范围内形成一种认可垃圾分类，否定错误垃圾分类的机制和氛围。从群体压力和群体认同的角度让居民感知到自身错误垃圾分类行为所带来的心理压力，构建起主动进行垃圾分类管理的主观规范。又比如，台州运用网格化管理，让垃圾分类处理从区域管理真正落到实处、落到个人。通过建立网格小组，明确专人担任网格长，由网格长负责监督农户实施，形成联系分管领导—村干部—网格长—农户的梯级监督体系。与此同时，实行"源头追溯"工作法，进一步保障制度的实施。对分发给农户的垃圾袋或垃圾桶逐一进行编号，保洁员在收集过程中，详细检查农户源头垃圾分类情况，对于分类不科学或不彻底的，按照编号，追溯相应农户，并对其进行分类说明讲解和评价计分，切实提升分类的质量和标准。

而让垃圾治理真正成为整个社会都贯彻执行并认可的关键在于向全社会广泛普及垃圾分类的知识，通过提升全社会成员在环境保护和垃圾分类上的知识和素养，使垃圾分类工作成为一个大家自觉执行和努力保持的良好习惯。而为了达到这一个目标，浙江省在进行广泛的垃圾分类知识宣传之外，部分地区还采用设立专门人员的方式，通过专业辅导员进楼跟踪辅导以及监督，配以相关完善的制度，如定期辅导、定点收集以及定人监督，提高居民垃圾分类意识、准确度以及参与，实现前端精准分类。进一步巩固宣传教育的成果。

经验三：全流程再造，努力解决垃圾治理过程中的痛点和难点

垃圾治理工作是一个系统工程，故而必须运用管理学的思路对其进行分析。为了达到精准分类的目标，根据业务流程再造理论，应该对垃圾分类的全过程进行流程分解，将居民的垃圾分类过程分解成一个个小的具体行为片段，同时在流程分解的基础上对每个环节进行评估，分析每个片段过程中可能存在的痛点，最终运用相关管理工具对痛点进行解决。

从垃圾治理的前端投放、收集、转运，再到末端处理消纳，对于垃圾的治理要走过一个较为长的流程。如在垃圾前段的投放过程中，提高垃圾前端分类水平。配备数量足够、质量合格、不同大类垃圾的专门收集桶，严禁混装不同种类垃圾。对电池类等有害垃圾中的可回收物进行单独回收，出售电

池的超市和店铺有义务回收电池，可试行居民和店主按一定比例分配的有偿回收方案。统一标准，除颜色外，垃圾桶大小规格也需统一，以利于专用垃圾车自动或半自动高效收运，且尽可能一步到位，避免后续升级换代时产生浪费。如宁波市就在餐厨垃圾处理的过程中，便发现了存在的痛点，通过增加二次分拣来保证餐厨垃圾的精准分类，这看似无奈之举，却是目前不可或缺的关键步骤。富春江镇采用智能生态垃圾分类系统，居民把分好类的生活垃圾放到对应有称重功能的平台上，刷市民卡或身份证即可投放成功。每一次投放垃圾，系统会记录投放人以及投放垃圾的相关信息，以及所换取的积分，不仅能够对居民的垃圾分类工作进行有效的指导，同时在后续建设的"生态微站"购物方面给予激励等多个方面。

在垃圾中转站也会对垃圾进行粗略的分类，经过处理后分类运走。传统处理方法是将收集到可回收的部分垃圾被个人和社会企业收走，售卖给回收站或更大的再生资源回收中心等赚取收入，这些机构将初步分拣后的可回收物进行进一步分拣处理，打捆制成原材料后转卖给下游生产企业，构成了与主流环卫系统平行的一条再生资源链条。而在运输过程中，在运输端，一般使用垃圾车、卡车等设备进行运输，或者配有压缩式垃圾车转运到处理场。在垃圾处理端，目前主要以卫生填埋和焚烧为主，其中卫生填埋仍占主导。传统的模式虽然兼具了经济和效率，然而在处理的过程过于粗放，故而应进一步提高垃圾中端运输效率。加强市政环卫、街道、社区、物业之间协同和衔接，明确责任人，以保障整个垃圾分类回收处置系统高效和高质量运行。鼓励支持民营企业或个人参与垃圾运输。改造或新增垃圾周转站、垃圾房并设置不同垃圾池，对不同种类的垃圾分别独立压缩，以提升垃圾收运能力，满足日益增长的垃圾分类收运处理需要。

在垃圾后端的处理上，对于从垃圾中分离中可回收的资源一直以来也是一个重要的问题。传统上，浙江省从事生活垃圾再生资源回收利用的主体多为个人、小企业等，可回收物由拾荒者或个体回收者从投放处收捡卖往回收站点，站点统一运输到集散市场售卖，再生资源企业收购后在分拣中心进行最终处理，最后卖给下游企业。但是，再生资源回收行业发展仍处于"低、小、散"阶段，存在人员整体素质不高、专业化程度和作业机械化程度低、企业经营不规范等问题。由于产业结构调整、技术进步等因素，再生资源回收行业正逐渐从劳动密集型向集约专业化转型。故而应提高垃圾后端处理能力。将原有垃圾分类做进一步更合理的细分，以有利于垃圾桶的科学设置及后端垃圾处置，如废旧电池等有害垃圾中的可回收利用部分单独分类和设置垃圾桶。提高对不同种类垃圾处理能力，坚持以"焚烧＋残渣填埋"为主、有机垃圾适度综合利用的垃圾处理方式，增加经费投入，稳固垃圾处理基础设备设施，对不同种类垃圾采取不同处理方式，强制回收后的废旧电池也可返回生产厂家或专门公司处理，不断提高垃圾分类处理的高新技术与能力。从而提升垃圾分类精准，可回收资源有效分离和使用。

经验四：运用科技手段，使垃圾治理全流程可追溯

垃圾治理是重要的管理工作，而管理的核心在于合理的控制。浙江省在垃圾的全流程管控中融入科技手段，令全流程垃圾治理可管理、可控制、可追溯，不断提升垃圾治理的效率、准确度。

浙江省在数字经济发展上具有得天独厚的先天优势，阿里巴巴和网易等世界知名互联网巨头都将杭州作为其总部，依靠这些互联网企业在科技上的优势，在浙江省的垃圾治理过程中引入更多科技化手段，从而使垃圾治理全流程实现高效率管控和追溯。

首先，"互联网＋"打通了消费者和回收企业的"最后一百米"距离，让垃圾回收更为精准。将互联网运用于垃圾治理体系中，对传统垃圾回收行业升级改造。在这一因素的促进下，垃圾回收也拥有了新途径。在城市垃圾治理过程中，"清洁直分"和"虎哥回收"都是因为垃圾回收而诞生的APP。消费者在APP上提交订单，公司就会派专人上门进行垃圾回收，企业在回收好垃圾后首先对它进行分类，在针对不同类型的垃圾进行分类处理，做到了物尽其用。从消费者角度来看，这不仅有利于年纪大的消费者减少堆积废物所造成的空间浪费和打扫时间，也可以让年轻消费者有将可循环利用的垃圾处理掉的途径。"清洁直分"这款APP还在里面加入了虚拟货币兑换生活用品等方式，也在一定程度上吸引消费者使用这种新的垃圾回收方式，让生活物资更加高效利用。从企业的角度看，这种新型的回收垃圾方式相对于传统回收垃圾人员在大街上叫卖的方式更加精准、高效和规范，也能为企业减少更

多的时间和精力，减少企业成本。这种方式，更能让用户对这个群体的了解更完整、更立体、更有信任感。而在农村垃圾治理过程中，"互联网＋垃圾分类"农村环卫信息系统，通过智能化的层层管理解决了乡村居民在垃圾分类工作中遇到的三大难题。垃圾分类评价系统完成了对村民的监督监管，在源头上监督了垃圾分类行为。并且引入积分系统，将垃圾分类行为考评与奖励挂钩，在"打一棒子"之后"给了一甜枣"不仅防止了高压措施下的行为反弹，还在一定程度上提高了村民垃圾分类的积极性。而在保洁层引入"农村生活垃圾分类和卫生保洁智能化数字化长效管理系统"则大大降低了监管难度，从而提高了监管效率和质量。将考评制度引入其中，将工作完成情况与奖金挂钩，则保证了保洁员的工作质量。最后在管理层将垃圾分类实施成效纳入村委年终考核，保证了管理层的工作态度。可见，通过引入"互联网＋"等科技手段整合了传统的垃圾治理流程，使垃圾治理工作成为一个线上、线下统一的系统工程。

其次，运用二维码等信息标记手段，让垃圾回收追溯更为精准。用户可以使用社区所颁发环保"身份证"，使垃圾分类管理做到溯源可追踪，从垃圾的源头对垃圾分类进行精细化管理。将垃圾分类从一个社区，一栋楼，进一步精准到一户家庭，这使从家庭层面进行垃圾分类管理成为可能。而在此过程中应着重考虑三个要素：第一，增强垃圾分类管理相关科技工具的易用性。科技工具的使用必须要与用户的日常使用习惯重合，甚至是优化现有的用户使用习惯，而不能给用户的日常使用习惯增加任何多余的负担。在具体的产品设计过程中，要充分考虑科技工具的人体工学效能性匹配程度。将垃圾分类相关的科技产品嵌入消费者日常使用习惯之中。第二，增加垃圾分类管理相关科技工具的有用性感知。科技工具的使用效果，不仅要让管理者能够明晰，通知更重要的是让使用者知道科技工具所能产生的效用，特别是让使用者明确自身使用前后的效果差异，从而明确使用科技工具能够为他和他的家庭带来什么。第三，通过外在科技工具改变使用者的态度，进而使使用者的行为成为主动行为，而非被动行为。故而在日常生活中与科技工具搭配的垃圾分类知识的介绍必不可少，通过知识的增进侧面提升使用者的垃圾分类意识和提高垃圾分类的正确率，多角度形成提升使用者垃圾分类的态度—行为转换机制。

经验五：引入市场机制，采用产业链化运作垃圾治理工作

浙江省将"要在提升生态环境质量上更进一步、更快一步，努力建设美丽浙江"写入省党代会文件。垃圾分类处置，涉及千家万户，是一项重要民生工程，党中央和省委省政府高度重视。

浙江省经过几年的探索实践，城镇生活垃圾分类工作走在了全国前列，形成了浙江特色。杭州用"小镇"这条特殊的路，探索破解大都市的垃圾难题，在垃圾堆上建立起了生态公园，构建了一条完整的垃圾回收和再资源化利用的产业。而改变以往行政管理的僵化机制的核心做法就是引入市场机制，让灵活的市场机制和严格的政府监管相结合，形成"灵活运作＋严格监管"为核心的治理模式。在案例中我们可以得到以下几点启示：

首先，各级政府要对垃圾治理产业化和市场化进行充分的引导，广泛吸收社会公众参与。公众是垃圾的产生者、排放者和受益者，自然也是垃圾治理的主体。实际上，无论是政府外包，还是社会组织主导下的社会自治，都离不开社会公众的自觉自愿行动，离不开企业参与和社会化运作。除此之外，社区组织负有发动、组织社区内公众参与垃圾治理活动的责任与义务，行业协会也负有发动、组织、监督业内相关单位参与垃圾治理活动的责任与义务。垃圾治理事关社会经济可持续发展，事关民生和公共利益，是社会治理的重要项目。这就需要政府发挥宏观调控与调节作用，统筹管理，引导社会公众参与并妥善处理垃圾治理事务，维持良好的治理秩序。

其次，要通过各种渠道强调政府、社会公众及社会各利益相关方之间在垃圾治理产业化，市场化过程中的相互依赖性和互动性。产品生产者、垃圾排放者和处理者既是垃圾产生与排放的源头，又是垃圾治理的需求者或受益者。由此可见，虽然社会各利益相关方有一定的分工，但身份与作用界限具有一定的交集和模糊性，彼此相互依赖与互动。尤其当垃圾治理的环境容量与服务型产品的生产、消费与购买分配相分离时，更需要处理者、消费者与分配者之间进行协调和互相监督，确保程序与实体的公平性。此外，垃圾治理存在市场失灵、社会失灵和行政失当等问题，既需要政府引导社会来遵循市场导向，遏制市场失灵与社会失灵，也需要社会监督政府，避免行政失当。

再次，政府在管理过程中应努力建立健全垃圾治理产业化、市场化的游

戏规则，完善社会自主自治网络体系。垃圾治理注重社会自我管理和自主自治，应建立健全社会自主自治网络体系。政府应出台相关法规并依法行政，遵循市场导向，引导社会自我管理与自主自治，以均衡需求与供给、社会成本与社会福利、效率与公平的关系。

最后，要多措并举，综合治理。垃圾治理作为一项公共事务，起着节约、保护资源环境与人体健康安全等作用，需要维持良好的治理秩序。作为一种经济活动，需要政府与社会按市场规律协调行动，打破垄断，强化竞争，提高治理效率与经济效益，及时、妥善处理垃圾。这就要求善用经济手段、法律手段、行政手段和科技手段，多措并举，落实污染者负责和受益者补偿原则，落实生产者责任延伸制度，加强源头管理，推进垃圾分类处理，协调推动全程、综合、多元治理，提高治理效率与环境、社会、经济方面的综合效益。